Psychologie en
30 secondes

Psychologie en 30 secondes

**Les 50 plus grandes théories
en psychologie, expliquées
en moins d'une minute**

Christian Jarret

Collaborateurs
Vaughan Bell
Moheb Costandi
Dave Munger
Tom Stafford

Hurtubise

◤ Hurtubise

Psychologie en 30 secondes
Copyright © 2012,
Éditions Hurtubise inc.
pour l'édition française au Canada

Titre original de cet ouvrage :
30-Second Psychology

Direction de création :
Peter Bridgewater
Édition :
Jason Hook et Jamie Pumfrey
Direction de publication :
Caroline Earle
Direction artistique :
Michael Whitehead
Design et maquette :
Linda Becker et Ginny Zeal
Illustration :
Ivan Hissey
Rédaction des textes des
profils et des glossaires :
Nic Compton
Traduction de l'anglais :
Antonia Leibovici
Montage de la couverture :
Geneviève Dussault

Édition originale produite
et réalisée par :
Ivy Press
210 High Street, Lewes
East Sussex BN7 2NS, R.-U.

Copyright © 2011, Ivy Press Limited
Copyright © 2011, Le Courrier du Livre
pour la traduction française

ISBN 978-2-89647-864-4
Dépôt légal : 1er trimestre 2012
Bibliothèque et Archives
nationales du Québec
Bibliothèque et Archives Canada

Diffusion-distribution au Canada :
Distribution HMH
1815, avenue De Lorimier
Montréal (Québec) H2K 3W6
www.distributionhmh.com

Imprimé en Chine
www.editionshurtubise.com

DANS LA MÊME COLLECTION :

**Mathématiques
en 30 secondes** (2012)
Richard J. Brown

**Philosophies
en 30 secondes** (2011)
Barry Loewer

**Politique
en 30 secondes** (2011)
Steven L. Taylor

**Théories économiques
en 30 secondes** (2011)
Donald Marron

**Théories
en 30 secondes** (2010)
Paul Parsons

SOMMAIRE

INTRODUCTION
Christian Jarrett

La familiarité du sujet/matière de la psychologie la met à part des autres sciences. Après l'école, peu de gens remettront le pied dans un laboratoire de chimie ou regarderont dans un microscope et ne s'approcheront d'un trou noir qu'en regardant *Star Trek*. Par contre, nous avons tous un mental propre et nous vivons jour après jour en interagissant avec nos congénères. Par conséquent, la focalisation de la psychologie sur le mental et le comportement est familière à chacun. Dans un sens, nous sommes tous des psychologues amateurs.

Toutefois, nous ne devons pas confondre familiarité et maîtrise. Même si nous avons des théories de prédilection quant aux motifs et aux actions des gens, cela ne signifie pas qu'elles sont correctes. La psychologie laisse de côté les intuitions et utilise les outils objectifs de la science pour découvrir comment fonctionne vraiment le mental et les réelles motivations du comportement humain.

Cette démarche a rencontré dès le début une résistance. Le mental était généralement la chasse gardée de la philosophie. Même après que les premières expériences en laboratoire ont démontré la plausibilité de la science psychologique, une école prônait que seul le comportement observable devait être étudié, à l'exclusion des pensées. Le premier chapitre de ce livre, **Ancienne école, nouvelle école**, parle des solutions trouvées à ces débats et de la manière dont la psychologie est devenue la science florissante et respectée qu'elle est actuellement.

Le développement de l'enfant suscite des opinions profanes particulièrement véhémentes. Comment un nouveau-né sans défense devient-il un adulte solide, conscient de son image ? Le chapitre **Croissance et changement** présente les pionniers de ce domaine et

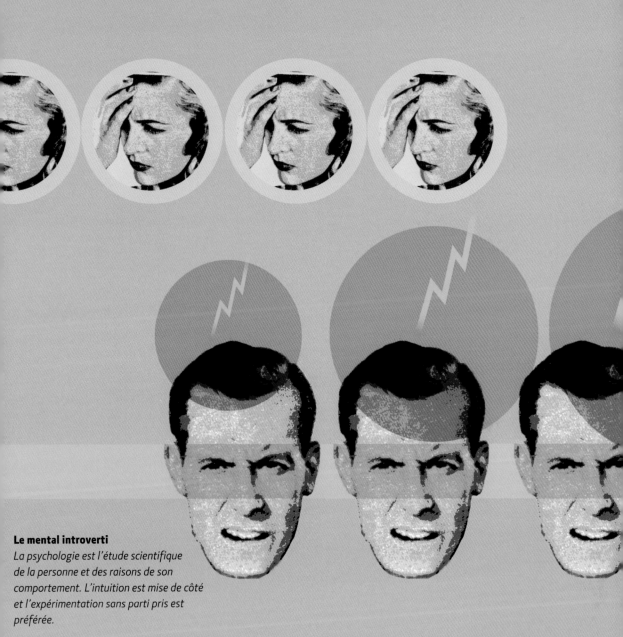

Le mental introverti

La psychologie est l'étude scientifique de la personne et des raisons de son comportement. L'intuition est mise de côté et l'expérimentation sans parti pris est préférée.

s'achève par la théorie de la neuroplasticité, préconisant que de par sa flexibilité, le cerveau change et s'adapte jusqu'au jour de notre mort.

Un point focal de la psychologie, extrêmement significatif sur le plan pratique, est l'optimisation des décisions que prennent les hommes pour leur propre bien et pour le bien de la société dans son ensemble. Le chapitre **Prise de décision et émotions** propose un tableau global de certains des partis pris qui affectent notre réflexion. Comme vous le verrez, les émotions, à la base de notre humanité, influencent aussi nos décisions, d'où la présentation de concert de ces deux sujets.

Que ce soit dans les gangs ou les entreprises, les équipes sportives ou les partis politiques, les êtres humains sont intrinsèquement sociaux, constituant en permanence des groupes afin de servir leurs besoins et intérêts. Le chapitre **Psychologie sociale** traite des questions émergeant naturellement lorsque nous interagissons, y compris sur le plan du leadership et des préjugés. On y trouve certaines des expériences les plus célèbres de la psychologie, dont les hypothèses de Zimbardo sur la tyrannie et les expériences troublantes de Milgram sur l'obéissance.

Les deux chapitres suivants, **Nous sommes tous différents** et **Troubles mentaux,** présentent des théories se rapprochant probablement le plus des idées répandues, depuis la personnalité et l'intelligence à l'aliénation mentale et à la psychothérapie. Le dernier chapitre, **Pensées et langage,** traite des théories bien ancrées dans notre tête, en commençant par l'effet placebo – le pouvoir qu'a le mental d'affecter le corps – et en finissant par la conscience, le miracle et le mystère de la manière dont la chair donne vie au mental.

Chacune des cinquante entrées offre une théorie simple en 30 secondes, une « psyché » en 3 secondes pour les personnes pressées et une « analyse » en 3 minutes qui va un peu plus loin. Des profils biographiques de quelques sommités, dont Sigmund Freud et William James, y sont inclus. Que vous choisissiez de lire ce livre de la première à la dernière page ou seulement de le feuilleter, vous êtes sur le point d'appréhender quelques aspects de l'entité la plus complexe de l'univers – le mental humain. Amusez-vous !

Une science nouvelle

La psychologie est une science relativement jeune – ses premières expériences en laboratoire ne datent que de la fin du XIXᵉ siècle. Néanmoins, les théories psychologiques importantes et controversées sont nombreuses. Permettez à notre équipe d'écrivains talentueux de vous les présenter.

ANCIENNE ÉCOLE, NOUVELLE ÉCOLE

ANCIENNE ÉCOLE, NOUVELLE ÉCOLE
GLOSSAIRE

anthropologie Étude du genre humain. Parmi les domaines traités : les origines et le développement des races humaines, leurs caractéristiques biologiques, la structure des croyances et coutumes sociales. Bien que le sujet ait été discuté par Hérodote vers 500 av. J.-c., il n'est devenu une discipline à part entière qu'à la Renaissance, avec les œuvres de Michel de Montaigne, de René Descartes et d'Emmanuel Kant. Le terme, conçu en Allemagne au XVIe siècle, vient du grec *anthropos* (homme) et *logos* (science).

ça Terme freudien désignant l'aspect instinctif de la personnalité qui cherche la gratification immédiate. Ses pulsions primitives sont limitées et contrôlées par le moi. Bien que le ça soit souvent associé au comportement antisocial, il est aussi responsable des instincts essentiels à notre survie, tels que la faim, la soif et l'instinct de reproduction.

conflit de personnalités Désaccord entre différents aspects de la personnalité d'un individu. Selon Freud, les instincts primitifs du ça sont en conflit permanent avec les leçons morales volontaires du surmoi et doivent être modérés par le rationalisme du moi. Si ce conflit n'est pas réglé, il peut conduire à la névrose.

conscience Totalité de l'expérience dont l'individu est conscient à un moment donné. C'est un état en constant changement, oscillant entre processus de réflexion présent, souvenirs, stimuli visuels et auditifs, expériences physiques. Le psychologue américain William James disait que la conscience est comme un ruisseau, clapotant et changeant sans cesse de direction, mais ne s'arrêtant jamais.

moi Terme freudien désignant la partie consciente, rationnelle, de la personnalité. Selon Freud, la psyché humaine est formée de trois parties : le ça, qui cherche la gratification instantanée, le surmoi, qui porte des jugements moraux et le moi, qui fait l'intermédiaire entre les deux. Le moi remplit ce rôle en se servant du « principe de réalité » qui pousse à se conformer aux normes sociales en cours. Freud disait que le ça était pareil à un cheval, le moi, à son cavalier, contrôlant les instincts les plus sauvages de sa monture.

erreur du stimulus Durant l'« introspection », tendance des patients à nommer les objets qu'ils visualisent au lieu de décrire ce que ceux-ci représentent pour eux. Ainsi, juste affirmer la présence d'une pomme est moins instructif que décrire sa forme, sa couleur et les sensations qu'elle évoque. Aux débuts de la psychiatrie, l'introspection était utilisée pour retracer le mental conscient d'un patient.

neurosciences Sciences étudiant le système nerveux, y compris les fonctions cérébrales et la manière dont celles-ci se rapportent au comportement humain. Les neurosciences tentent de découvrir les fonctions de toutes les parties du cerveau, les processus mentaux qu'elles effectuent et la manière dont elles sont affectées par des stimuli extérieurs. Jadis branche de la biologie, les neurosciences font désormais partie d'un ensemble interdisciplinaire englobant notamment la psychologie, la médecine, l'informatique.

névrose Léger trouble mental caractérisé par l'anxiété et les phobies, sans susciter cependant des hallucinations. Selon Freud, il s'agit d'un élément du mécanisme d'autodéfense du moi, déclenché par des conflits intérieurs non résolus. Bien que jadis diagnostic répandu, le terme n'est plus utilisé par la psychiatrie conventionnelle, sauf pour des usages spécifiques dans la pratique et la théorie psychanalytiques.

névrosé Personne qui souffre d'une névrose ou présente ses symptômes : hystérie, troubles obsessionnels compulsifs, phobies comme l'agoraphobie (peur d'une crise de panique dans un espace public) et arachnophobie (peur des araignées).

pathogène Provoquant la maladie, ou susceptible de causer la maladie. Du grec *pathos* (maladie) et *genesis* (création).

primatologie Étude des primates. Bien que la primatologie soit une discipline distincte de la psychologie, les deux empiètent l'une sur l'autre au niveau des groupes sociaux et des aspects de la personnalité.

surmoi Terme freudien désignant la partie de la personnalité qui porte des jugements moraux et agit en tant que notre conscience. Le surmoi est principalement inconscient et se forme par l'intériorisation des codes moraux parentaux et sociétaux. Un surmoi trop fort peut inciter à se montrer moralisateur et intransigeant envers les autres.

INTROSPECTION DE WUNDT

Théorie en 30 secondes

Êtes-vous confortablement assis ?

Quel est le contenu de votre mental conscient en ce moment même ? C'est là une introspection – l'outil de recherche préféré des pères fondateurs de la psychologie de la fin du XIXᵉ siècle. Comme le notait William James dans son livre de 1890 *Principes de psychologie* : « Le terme introspection doit à peine être défini – il signifie, bien entendu, regarder dans notre propre mental et raconter ce que nous y découvrons. » Les chercheurs du laboratoire de Wilhelm Wundt de l'université de Leipzig – premier laboratoire expérimental de psychologie du monde – étaient censés suivre une formation très longue à cette méthode, afin d'arriver à décomposer l'expérience consciente en ses éléments constitutifs. Bien que la technique puisse sembler simple, elle avait suscité des débats méthodologiques entre ses pionniers. Edward Titchener, psychologue britannique, ancien élève de Wundt, avait proposé un système particulièrement strict visant à éviter ce qu'il appelait l'« erreur du stimulus » – confrontée à un stimulus tel qu'une table, la personne qui effectue l'« introspection » rend compte de la simple présence de la table au lieu de décrire les expériences sensorielles brutes suscitées par sa couleur, ses dimensions et sa matière.

PSYCHÉ EN 3 SECONDES
La méthode préférée de recherche des pères fondateurs de la psychologie était l'introspection – compte rendu du contenu de sa propre conscience.

ANALYSE EN 3 MINUTES
En tant que technique officielle, l'introspection est passée de mode avec la montée du béhaviorisme, et l'admission progressive que beaucoup de nos processus mentaux sont au-delà de l'accès conscient. Néanmoins, à chaque fois qu'un participant à une étude dit comment il se sent ou décrit ses perceptions sensorielles –ce qui arrive souvent dans le cadre de la plupart des expériences psychologiques modernes – il effectue en fait une introspection.

THÉORIES LIÉES
Voir aussi
BÉHAVIORISME DE WATSON
Page 16
PSYCHANALYSE
Page 18

BIOGRAPHIES EN 3 SECONDES
WILLIAM JAMES
1842-1910
EDWARD TITCHENER
1867-1927
WILHELM WUNDT
1832-1920

TEXTE EN 30 SECONDES
Christian Jarrett

Nul n'a un accès direct à votre mental de la même manière que vous. C'est pourquoi l'introspection reste une technique valable même après l'invention des scanners cérébraux.

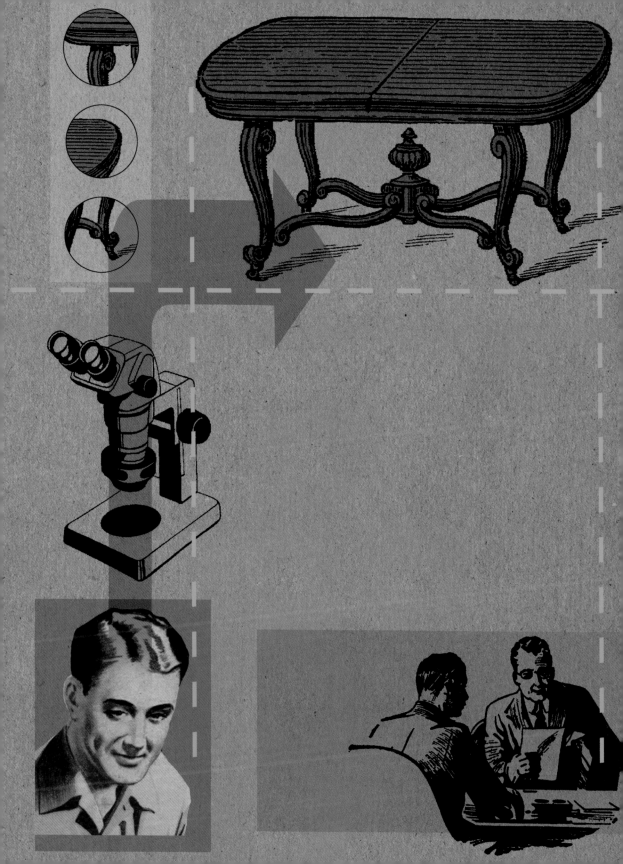

BÉHAVIORISME DE WATSON

Théorie en 30 secondes

Les psychologues de la première heure ont étudié la réflexion en examinant leurs propres pensées et les comptes rendus des pensées d'autres personnes. Les béhavioristes réfutaient cette méthode, car pour eux la science devait reposer sur des données acceptables par tous, fiables et mesurables objectivement. Autrement dit, abandonner la discussion et les comptes rendus des pensées et se concentrer sur les comportements simples. Au lieu de tabler sur les impressions subjectives, les béhavioristes menaient des expériences où les entrées (« stimuli ») étaient contrôlées et les sorties (« réactions ») étaient mesurées. Ils espéraient pouvoir inférer aussi la relation entre les deux, sans s'inquiéter de l'intervention de la boîte noire du mental. Par exemple, un rat reçoit dans sa cage de la nourriture toutes les trois fois qu'il appuie sur un levier. En notant le nombre de fois où il a appuyé sur le levier, vous disposerez au fil du temps d'un enregistrement objectif de sa courbe d'apprentissage. Les découvertes les plus célèbres du béhaviorisme concernent les mécanismes fondamentaux d'apprentissage – la manière dont les associations avec les stimuli et les réactions sont retenues par répétition ou récompense. Cet accent sur les comportements simples avait permis aux béhavioristes de développer des théories valables tant chez l'animal que chez l'homme.

PSYCHÉ EN 3 SECONDES
La seule preuve fiable n'est pas directement mesurable. Pour la psychologie, cela signifie que nous devons parler seulement de comportement, pas d'états mentaux.

ANALYSE EN 3 MINUTES
La psychologie moderne refuse l'idée de base du béhaviorisme (qu'il est impossible d'examiner de manière scientifique la structure du mental). Malgré cela, beaucoup d'aspects du béhaviorisme restent importants pour la psychologie moderne. Parmi eux, l'accent mis sur l'enregistrement des mesures objectives dans des expériences contrôlées, l'étude normale des phénomènes psychologiques chez les animaux et chez les hommes et l'intérêt vif des psychologues pour l'apprentissage.

THÉORIES LIÉES
Voir aussi
INTROSPECTION DE WUNDT
Page 14
COGNITIVISME
Page 22
CHIENS DE PAVLOV
Page 134

BIOGRAPHIES EN 3 SECONDES
CLARK L. HULL
1884-1952

B. F. SKINNER
1904-1990

EDWARD THORNDIKE
1874-1949

EDWARD C. TOLMAN
1886-1959

JOHN B. WATSON
1878-1958

TEXTE EN 30 SECONDES
Tom Stafford

Les béhavioristes n'étaient pas intéressés par la « boîte noire » du mental, préférant se concentrer plutôt sur ce qui est observable depuis l'extérieur.

PSYCHANALYSE

Théorie en 30 secondes

PSYCHÉ EN 3 SECONDES

Les motivations inconscientes jouent un rôle notable dans la formation du comportement, mais sont aussi la principale cause des maladies mentales.

ANALYSE EN 3 MINUTES

Les principales critiques des théories de Freud concernent leur caractère indémontrable (infalsifiabilité), les rendant inutilisables pour prédire les résultats du traitement. Ses patients n'étaient pas représentatifs de la population générale, et le fait qu'il avait traité très peu d'enfants infirme dans une certaine mesure sa théorie du développement de la personnalité. Freud a aussi été accusé de manipuler les preuves pour les faire cadrer avec ses théories. Néanmoins, son travail reste extrêmement influent tant dans la psychiatrie que la culture populaire.

Sigmund Freud a conçu le concept de psychanalyse à la fin du XIXe siècle et au début du XXe en tant que moyen de comprendre le comportement. Pour Freud, la personnalité renfermait trois composantes : le ça, gouverné par le plaisir et cherchant la gratification immédiate, le moi, concerné par la prise de décisions rationnelles, et le surmoi, portant des jugements moraux. Le moi est tiraillé par le ça et le surmoi, suscitant des conflits de personnalité. Lorsque le moi est débordé par les exigences du ça, on devient névrosé, quand il leur cède, le surmoi le punit par la culpabilité. Le moi gère ces exigences conflictuelles à travers des rêves et des névroses, qui satisfont les désirs refoulés du ça, et des mécanismes de défense tels que le refoulement et la dénégation, qui atténuent l'anxiété. Néanmoins, ces mécanismes sont parfois pathologiques, cause principale des maladies mentales. Alfred Adler et Carl Jung ont contribué au développement de la psychanalyse, mais se sont séparés de Freud dans les années 1910. Jung était en désaccord quant à la structure de la personnalité, Adler soulignait le rôle des facteurs sociaux pour la croissance et prônait la motivation par l'instinct de conservation, le désir de pouvoir et l'envie d'affirmation de la personnalité. Les deux rejetaient l'accent mis par Freud sur la sexualité.

THÉORIES LIÉES

Voir aussi
ORDRE DE NAISSANCE
Page 36

BIOGRAPHIES EN 3 SECONDES

ALFRED ADLER
1870-1937

SIGMUND FREUD
1856-1939

CARL JUNG
1875-1961

TEXTE EN 30 SECONDES

Moheb Costandi

Tout est dans l'inconscient. Vos rêves récurrents de lit pourraient-ils être un signe freudien de frustration sexuelle ?

1856
Naît à Freiberg (Pribor actuel), Moravie

1859
La famille s'installe à Vienne (Autriche)

1881
Doctorat en médecine de l'université de Vienne

1886
Mariage avec Martha Bernays

1900
Publication de *L'Interprétation des rêves*

1902
Professeur de neuropathologie à l'université de Vienne

1905
Publication de *Trois Essais sur la théorie de la sexualité*

1910
Fondation de l'International Psychoanalytical Association

1923
Diagnostic d'un cancer

1932
Prix Goethe

1933
Ses livres sont brûlés par les nazis

1938
Se réfugie à Londres

1939
Décède à Londres

SIGMUND FREUD

Quiconque affirme que la libido n'existait pas avant les années 1960 n'a certainement pas lu Sigmund Freud. Sans doute le plus influent psychologue de tous les temps, Freud a connu la célébrité, voire la notoriété, pour ses théories préconisant que la sexualité est le principal moteur du comportement humain. Pas la nourriture. Pas l'argent. Pas l'amour. La sexualité.

Selon Freud, les enfants passent par trois stades distincts de développement sexuel, définis par les zones érogènes du corps : oral, anal et génital. Sa théorie suggérait que même un enfant de 3 ans ressent des pulsions sexuelles ayant pour objet le parent du sexe opposé, se traduisant par la jalousie envers le parent du même sexe, complexe d'Œdipe (complexe d'Électre). Dans le cas des garçons, ce complexe est refoulé par peur de la castration, qui les conduit à s'identifier au père. Tout problème intervenu au cours de ce voyage débouchera sur des fixations qui affecteront l'adulte. Lorsque Freud avait publié ses théories sur la sexualité en 1905, la fureur résultante avait débouché sur des accusations prévisibles de perversion.

Freud a traité également nombre d'autres sujets. L'exploration de l'inconscient est probablement son héritage le plus notable laissé à la psychologie. Bien que d'autres philosophes et psychologues, dont Josef Breuer et Jean-Martin Charcot, ses mentors, aient étudié l'inconscient en faisant appel à l'hypnose, les secrets de celui-ci ont été réellement dévoilés grâce au concept de psychanalyse développé par Freud (« cure de l'expression »). L'exploration de ces désirs inconscients à l'aide des rêves qu'a faite Freud a ouvert tout un domaine d'interprétation des rêves. Si Pavlov est resté dans les mémoires pour ses chiens et Milgram pour ses expériences sur l'obéissance, ce n'est pas par hasard qu'on se souvient de l'inventeur de la psychanalyse pour son « lapsus révélateur ».

COGNITIVISME

Théorie en 30 secondes

Le cognitivisme tente d'appréhender le mental en termes des informations qu'il traite et des formes sous lesquelles il emmagasine ces informations. Le cognitivisme refuse les approches psychanalytiques, qui tentent de comprendre le mental en termes de mythe, et les approches béhavioristes, qui tentent de comprendre le mental en termes du seul comportement. On affirme souvent que le cognitivisme a débuté par la publication d'un compte rendu incendiaire du linguiste Noam Chomsky critiquant le livre du psychologue béhavioriste B. F. Skinner, *Verbal Behavior*. Celui-ci tentait d'expliquer l'apprentissage du langage en se servant de principes béhavioristes. Le cognitivisme a marqué une évolution du béhaviorisme. Il tire son nom d'une métaphore informatique. Les ordinateurs sont faits de « hardware » (« quincaillerie ») et fonctionnent avec du « software » (logiciels qui contrôlent la circulation des données entrantes et sortantes et leur écriture dans la mémoire). Les cognitivistes visent à analyser le « software » psychologique – le mental – indépendamment du « hardware » – le cerveau. Comme les béhavioristes, les cognitivistes utilisent la méthode expérimentale, mais sont persuadés de pouvoir prouver ce qui se déroule entre le stimulus et la réaction.

THÉORIES LIÉES
Voir aussi
BÉHAVIORISME DE WATSON
Page 16
NEUROPLASTICITÉ
Page 44
FILTRE DE BROADBENT
Page 146

BIOGRAPHIES EN 3 SECONDES
DONALD BROADBENT
1926-1993

NOAM CHOMSKY
1928-

TEXTE EN 30 SECONDES
Tom Stafford

La métaphore du cerveau en tant qu'ordinateur traitant les données et les emmagasinant est devenue populaire. Toutefois, mieux vaut ne pas tenter de le réparer avec une clé à mollette.

PSYCHOLOGIE ÉVOLUTIONNISTE

Théorie en 30 secondes

Le corps humain a évolué par une sélection naturelle et partage bon nombre d'éléments avec le corps d'autres animaux. La psychologie évolutionniste élargit cette logique au mental humain. Comme le béhaviorisme, la psychologie évolutionniste tente de trouver des principes communs dans les comportements humain et animal. Les biologistes évolutionnistes ont montré que les animaux ont développé des stratégies au niveau des activités essentielles comme la recherche de nourriture, la sélection des partenaires de reproduction, le soin des petits, le règlement des conflits. La psychologie évolutionniste étudie la manière dont ces activités sont influencées par le besoin évolutionniste même quand elles sont effectuées par des hommes censés être rationnels. La psychologie évolutionniste présente deux variantes. La variante plus large inclut tous ceux qui regardent la psychologie d'une perspective évolutionniste, y compris les anthropologues, les biologistes comportementaux, les primatologues et les psychologues. La seconde, plus restreinte, se concentre sur l'application des idées de la théorie évolutionniste au raisonnement humain et au comportement social humain, particulièrement au comportement sexuel.

PSYCHÉ EN 3 SECONDES
L'évolution a façonné votre mental de manière à transmettre vos gènes à vos descendants.

ANALYSE EN 3 MINUTES
Pour les critiques, les psychologues évolutionnistes racontent des « histoires correctes » sur le comportement – récits plausibles captivant l'imagination mais impossibles à prouver. Pire, les critiques affirment que certains arguments évolutionnistes légitiment des théories incorrectes ou peu plausibles sur la manière dont la société devrait être organisée. Malgré cela, la plupart admettent que la psychologie est une partie de la biologie et doit donc être appréhendée dans le cadre de l'évolution – ils ne sont cependant pas d'accord sur la pertinence du degré d'évolution quant au comportement humain.

THÉORIES LIÉES
Voir aussi
ÉMOTIONS UNIVERSELLES D'EKMAN
Page 50
GRAMMAIRE UNIVERSELLE DE CHOMSKY
Page 138

BIOGRAPHIES EN 3 SECONDES
DAVID BUSS
1953-

LEDA COSMIDES
1957-

CHARLES DARWIN
1809-1882

STEVEN PINKER
1954-

JOHN TOOBY
1954-

TEXTE EN 30 SECONDES
Tom Stafford

Les chimpanzés, comme les hommes, forment des groupes, rient, se reconnaissent dans le miroir et se servent d'outils, ce qui suggère que nous partageons un héritage évolutionniste.

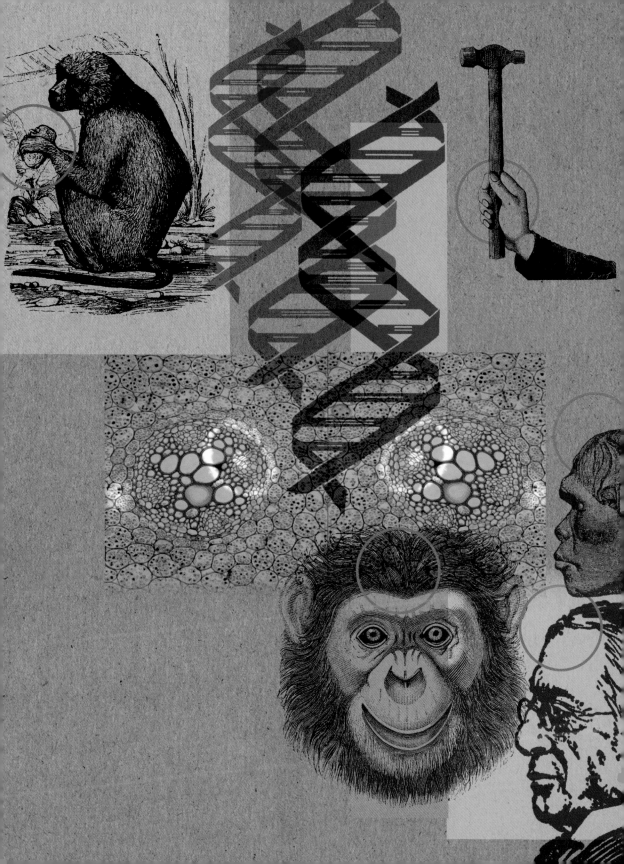

PSYCHOLOGIE POSITIVE

Théorie en 30 secondes

PSYCHÉ EN 3 SECONDES
La psychologie doit consacrer moins de temps aux afflictions mentales des gens et plus de temps à comprendre et à entretenir leurs forces et leurs qualités.

ANALYSE EN 3 MINUTES
Tout le monde n'apprécie pas le message positiviste. En 2009, la militante Barbara Ehrenreich a publié *Bright-sided : How the Relentless Promotion of Positive Thinking Has Undermined America*. Parmi les cibles de sa critique, les études montrant qu'une attitude mentale positive n'a pas d'influence sur le taux de survie au cancer du sein. En parlant d'expérience, elle affirme que la pression de se montrer positif est un fardeau supplémentaire pour les malades.

« Ce qui ne me tue pas me rend plus fort », chantait Kanye West sur son CD de 2007 *Stronger*. Friedrich Nietzsche, le philosophe allemand du XIXe siècle, le disait de manière similaire : « Ce qui ne nous tue pas nous rend plus forts. » Ces paroles font une devise idéale pour la psychologie positive – mouvement lancé en 1998 par le discours du psychologue Martin Seligman de l'université de Pennsylvanie (États-Unis) prononcé lors de l'ouverture de la convention annuelle de l'American Psychological Association. Seligman regrettait que la psychologie se soit si longtemps focalisée sur les maladies et les afflictions mentales. Il appelait à davantage de concentration sur le positif – les forces et les vertus des individus. Actuellement, la psychologie positive dispose de son propre journal, de sa propre organisation internationale et organise régulièrement des conférences. Les preuves expérimentales de la psychologie positive ont montré que le caractère peut être fortifié par les expériences négatives, comme survivre à une catastrophe ou vivre avec une maladie. Dans le monde du travail, la productivité monte quand les patrons se concentrent sur les forces de leurs salariés ; dans le contexte de la thérapie, les résultats sont meilleurs si les thérapeutes passent du temps à considérer les forces de leurs patients, pas juste leurs problèmes.

THÉORIES LIÉES
Voir aussi
APPRENTISSAGE ACQUIS DE SELIGMAN
Page 112
PSYCHOLOGIE HUMANISTE DE MASLOW
Page 122

BIOGRAPHIE EN 3 SECONDES
MARTIN SELIGMAN
1942-

TEXTE EN 30 SECONDES
Christian Jarrett

Prenez les choses du bon côté – ce qui ne vous tue pas vous rend plus fort. La psychologie positive peut être le secret permettant de faire dévier les petites balles de la vie.

CROISSANCE ET CHANGEMENT

CROISSANCE ET CHANGEMENT
GLOSSAIRE

béhavioriste Disciple du béhaviorisme, école de pensée qui prône que la psychologie doit s'occuper du seul comportement visible, donc démontrable, au lieu des processus de pensée indémontrables. Selon cette approche, le comportement est principalement influencé par les stimuli environnementaux.

développement moral Processus par lequel les enfants apprennent la différence entre le bien et le mal. Jean Piaget soutient que les enfants jugent initialement le bien et le mal par rapport aux conséquences des actions (quelqu'un a été blessé? Quelque chose a été cassé?) avant de passer à une considération des intentions (avaient-ils l'intention de blesser quelqu'un/de casser quelque chose?). Kohlberg est allé plus loin en divisant le développement moral en six stades, dont le plus élevé est atteint par seulement 10 % des adultes.

égocentrisme Incapacité de voir une situation du point de vue d'autrui. Selon la théorie du développement cognitif de Piaget, l'égocentrisme se développe durant la période préopératoire, à l'âge de 2 à 6 ans. Il a élaboré le modèle « des trois montagnes » où on demande à un enfant de dessiner des montagnes vues par sa poupée, montrant que les enfants ne peuvent pas imaginer les choses de la perspective d'autrui.

épistémologie Étude des bases théoriques du savoir. Principalement concernée par la définition du savoir et la manière dont celui-ci est acquis et se rapporte aux problèmes majeurs de la vie, tel le concept de vérité.

facteurs environnementaux La plupart des psychologues actuels pensent que le développement est façonné par une combinaison de facteurs génétiques et environnementaux (le débat inné/acquis). Parmi les facteurs environnementaux importants, on trouve les antécédents familiaux, l'exposition à la maladie, l'alimentation, les possibilités d'éducation, le milieu social. Tous peuvent avoir un impact significatif sur le développement de l'enfant, bien qu'un enfant élevé dans un environnement imparfait puisse se développer normalement et mener une vie heureuse et satisfaisante.

hypothétique Supposé ou théorique, pas prouvé. Un scénario hypothétique présume l'existence de certains facteurs non prouvés, dont la justesse peut (ou non) être déterminée par l'observation scientifique. La plupart des théories scientifiques naissent en tant qu'hypothèses dont, avec le temps, on prouve la justesse.

intériorisation Dans la psychologie du développement, la manière dont un enfant acquiert le savoir à travers l'interaction sociale (d'habitude avec un parent). D'abord, l'enfant fait l'expérience d'une situation avec une autre personne, puis refait l'expérience de la situation par lui-même, jusqu'à ce que celle-ci devienne une partie de son corpus de connaissances. Ce processus est tenu pour s'appliquer aux fonctions telles que le langage, la mémoire et la pensée abstraite.

méthodologie Série de théories, règles et procédures appliquées à un domaine particulier d'étude ou à d'autres actions. Ce qui convient pour une discipline peut ne pas convenir pour une autre.

neurosciences Sciences étudiant le système nerveux, y compris les fonctions cérébrales et la manière dont celles-ci se rapportent au comportement humain. Les neurosciences tentent de découvrir les fonctions de toutes les parties du cerveau, les processus mentaux qu'elles effectuent et la manière dont elles sont affectées par des stimuli extérieurs. Jadis branche de la biologie, les neurosciences font désormais partie d'un ensemble interdisciplinaire englobant notamment la psychologie, la médecine, l'informatique.

psychanalyste Praticien qui soigne les troubles émotionnels en se servant des techniques psychanalytiques développées par Sigmund Freud dans les années 1890. La formation (entre 4 et 8 ans), durant laquelle les étudiants doivent suivre eux-mêmes une analyse, n'est pas validée par un diplôme d'état.

schéma Sélection préconçue de connaissances qui aident à gérer les aspects inconnus du monde. Au mieux, cela signifie que nous n'avons pas à tout apprendre à partir de zéro, par exemple apprendre à conduire chaque véhicule ; nous appliquons notre « schéma de conduite » à tout véhicule. Au pire, cela signifie que nous présumons ce que nous ne savons pas en fait, portant des jugements préconçus, par exemple éviter de nous arrêter pour parler aux gens dans la rue en supposant qu'ils mendient.

stéréotypé Caractérisé par des stéréotypes, manière de penser qui implique des stéréotypes. Les stéréotypes sont des généralisations appliquées à un groupe sans tenir aucun compte des différences individuelles.

substitut Personne ou chose agissant en remplacement de quelqu'un d'autre ou d'une autre chose. Le terme est souvent appliqué à une femme ou à un homme remplaçant la mère ou le père.

STADES DE DÉVELOPPEMENT DE PIAGET

Théorie en 30 secondes

En sa qualité d'épistémologiste (personne qui étudie la nature de la connaissance), Piaget était intéressé par la manière dont le savoir se développe chez l'homme et tenait l'intelligence pour le moyen par lequel nous nous adaptons au milieu. Pour lui, la compréhension qu'a l'enfant de la réalité se construit à travers l'interaction permanente avec le monde. Ce savoir est organisé en *schémas* – les composantes essentielles du comportement intelligent – de plus en plus complexes à mesure que l'enfant grandit. Piaget suggérait que le savoir se développe par stades. Au stade *sensomoteur* (o à 2 ans), l'enfant « pense » en percevant les objets et en agissant sur eux. Vers la fin de ce stade, l'enfant se met à chercher des objets cachés – « hors de vue » n'est plus « hors de portée du mental ». Le stade *préopératoire* (2 à 7 ans) est défini en grande partie par le développement et l'utilisation des images mentales, des symboles et du langage. L'enfant est égocentrique et ne peut pas comprendre que les autres voient les choses différemment. Durant le stade *opératoire concret* (7 à 11 ans), l'enfant devient moins égocentrique et peut penser logiquement, tout en ayant encore besoin de manipuler les objets pour y parvenir. Le stade *opératoire formel* (11 à 15 ans) est marqué par la capacité de manier des idées et de penser de manière hypothétique à propos des situations dont il n'a pas encore fait l'expérience.

THÉORIES LIÉES
Voir aussi
ZONE DE VYGOTSKI
Page 34
STADES MORAUX DE
KOHLBERG
Page 42

BIOGRAPHIE EN 3 SECONDES
JEAN PIAGET
1896-1980

TEXTE EN 30 SECONDES
Moheb Costandi

PSYCHÉ EN 3 SECONDES
Les enfants sont de petits hommes de science construisant leur propre compréhension du monde. Leurs erreurs sont les meilleurs indicateurs de la manière dont ils pensent.

Piaget a eu une influence énorme, mais ses idées ont été fortement critiquées. La principale critique concerne le fait qu'il a ignoré le rôle des facteurs sociaux dans le développement du savoir. Il n'a pas non plus utilisé des méthodes standard – il a commencé en posant aux enfants la même série de questions, qu'il a adaptées plus tard en fonction des réponses obtenues. Qui plus est, il n'a pas analysé statistiquement ses résultats, et n'a pas tenu compte des différences individuelles.

Pour Piaget, le mental de l'enfant se développe, élément par élément, à travers des stades discrets.

ZONE DE VYGOTSKI

Théorie en 30 secondes

Pour Vygotski, la capacité à

réfléchir et à raisonner est en grande partie le produit d'un processus social. Les jeunes enfants peuvent faire très peu de choses tout seuls et apprennent en interagissant avec les autres. En prenant part aux activités sociales en compagnie de tuteurs ou d'instructeurs « experts », tels que les parents et les professeurs, ils avancent vers l'indépendance et l'autonomie. Cela implique une transformation progressive de leurs capacités intellectuelles : le processus de résolution des problèmes prend initialement place dans le cadre social, mais est « intériorisé » à mesure que l'enfant apprend par l'exemple. Considérez la désignation du doigt – au début, ce n'est qu'un geste indicatif, la tentative échouée du bébé de saisir quelque chose hors de sa portée. Quand la mère voit son bébé montrer du doigt, elle l'aide et indique parfois elle-même l'objet. Le bébé apprend ainsi à pointer vers un objet hors de sa portée, puis regarde sa mère. Le geste signale à la mère qu'il veut cet objet-là. La « zone proximale de développement » de Vygotski désigne le niveau de développement potentiel que l'enfant est capable d'atteindre avec l'aide d'un adulte à un certain moment, pour l'activer seul par la suite. Les tests de QI ne peuvent donc pas donner la mesure des capacités véritables de l'enfant, car ils indiquent uniquement ce que celui-ci peut faire sans aide.

PSYCHÉ EN 3 SECONDES
Les enfants sont de jeunes apprentis, acquérant connaissances et nouveaux savoir-faire par la collaboration dirigée avec ceux qui les possèdent déjà.

ANALYSE EN 3 MINUTES
Malgré sa mort prématurée à 37 ans, Vygotski a apporté une contribution notable à la psychologie, et ses idées sont particulièrement significatives pour l'éducation. En plus de questionner la validité des tests standard, il a montré que les professeurs peuvent soutenir le développement intellectuel de leurs élèves grâce à des interactions et des instructions structurées autour des tâches que ceux-ci peuvent effectuer indépendamment. Ce faisant, le professeur fournit un « échafaudage » ou un contexte où l'élève peut exercer ce qu'il sait pour régler les problèmes à sa portée.

THÉORIES LIÉES
Voir aussi
STADES DE DÉVELOPPEMENT
DE PIAGET
Page 32
STADES MORAUX DE KOHLBERG
Page 42

**BIOGRAPHIE
EN 3 SECONDES**
LEV VYGOTSKI
1896-1934

TEXTE EN 30 SECONDES
Moheb Costandi

Vygotski avait souligné que les enfants n'apprennent pas dans un vide social, mais en interagissant avec les autres et en les observant.

re et changement

ORDRE DE NAISSANCE

Théorie en 30 secondes

PSYCHÉ EN 3 SECONDES
Le rang d'âge dans la fratrie affecte le développement psychologique et la personnalité de l'enfant.

ANALYSE EN 3 MINUTES
Bien que l'idée que l'ordre de naissance affecte la personnalité soit très répandue, elle est aussi très controversée parce que les preuves scientifiques la confirmant sont rares. La plupart des études se penchant sur les effets de l'ordre de naissance ne prennent pas en compte les variables incertaines. Les études récentes confèrent toutefois un certain sérieux à cette idée – une étude de 2009 montre que le rang de naissance bas a un effet négatif, quoique infime, sur le QI.

L'idée que l'ordre de naissance peut avoir une influence durable sur la personnalité et le comportement a été suggérée par l'influent psychologue Alfred Adler dans les années 1930. Adler affirmait que l'enfant aîné est socialement et intellectuellement dominant, mais comme il n'est plus le centre de l'attention après la naissance d'un nouveau bébé, il tend à chercher l'approbation des autres. L'enfant du milieu est compétitif et diplomate. L'enfant puîné est plutôt égoïste et exigeant, car il est habitué qu'on s'occupe de lui. Adler affirmait aussi, toutefois, que même si l'ordre de naissance est un facteur contributif, ce sont les conditions ambiantes, comme la situation socio-économique, qui façonnent en dernière analyse la personnalité. Les parents traitent sans aucun doute différemment leur aîné et leur second – ils peuvent consacrer plus de temps, d'attention et de ressources au premier. Avec la naissance d'un frère, le premier-né perd son statut d'enfant unique, et les parents partagent leur temps entre les deux. Ce traitement différentiel affecte vraisemblablement la personnalité des enfants. Néanmoins, il est impossible de déterminer exactement comment, parce que ses effets ne peuvent pas être isolés de ceux des autres facteurs tels que le sexe, la différence d'âge dans la fratrie et le statut socio-économique.

THÉORIES LIÉES
Voir aussi
STADES DE DÉVELOPPEMENT DE PIAGET
Page 32
STADES MORAUX DE KOHLBERG
Page 42

BIOGRAPHIE EN 3 SECONDES
ALFRED ADLER
1870-1937

TEXTE EN 30 SECONDES
Moheb Costandi

Si vous êtes le premier-né, vous avez l'attention entière de vos parents – mais rappelez-vous, ils n'ont jamais fait cela auparavant !

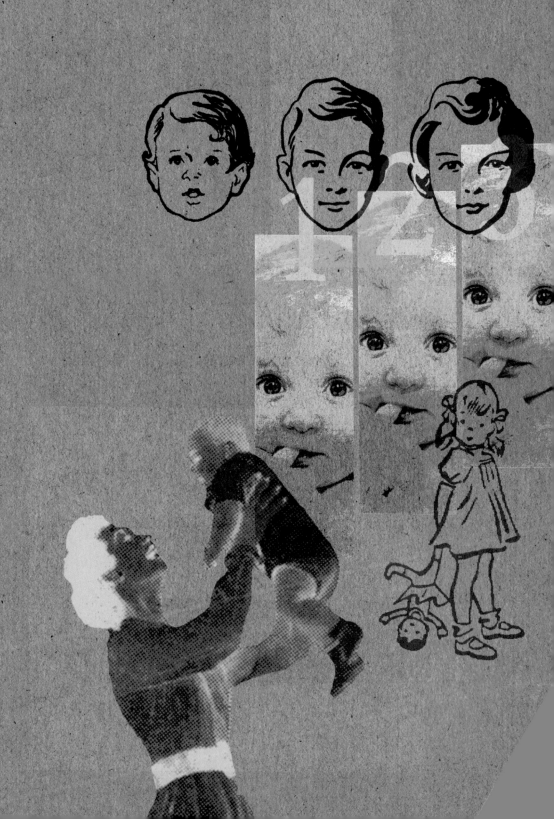

1896
Naît à Neuchâtel, Suisse

1921
Directeur de recherche à l'Institut Rousseau, Genève

1923
Mariage avec Valentine Châtenay

1925
Professeur de psychologie, université de Neuchâtel

1929
Professeur de psychologie expérimentale, université de Genève

1952
Publication de *La Naissance de l'intelligence chez l'enfant*

1955
Fondation du Centre international d'épistémologie génétique

1980
Décède à Genève, Suisse

JEAN PIAGET

Selon Jean Piaget, les enfants

commencent à penser comme les adultes entre
11 et 15 ans. Pas étonnant donc que le début de
la conscience adulte puisse renvoyer à des
événements survenus à cette époque. À l'âge
de 10 ou 11 ans (il était précoce), le jeune Piaget
avait écrit un article d'une page sur un pigeon
albinos qu'il avait aperçu dans sa ville natale de
Neuchâtel (Suisse). L'article avait été publié
dans un journal d'histoire naturelle et la
première carrière de Piaget était lancée. Sous la
tutelle du chef du muséum d'histoire naturelle,
il était devenu expert dans le domaine des
mollusques et, quelques années plus tard, après
la mort de son mentor, il avait publié des
articles dans divers journaux scientifiques –
dont les rédacteurs ne connaissaient pas son
âge. À 21 ans, son étude des mollusques lui
avait permis d'obtenir un doctorat de
l'université de Neuchâtel.

Lorsqu'il étudiait la psychologie à Paris, à la
Sorbonne, Piaget était tombé sur le sujet qui
lui apporterait une reconnaissance générale.

Après avoir rencontré Théodore Simon, l'un
des concepteurs du test d'intelligence Binet-
Simon, il avait participé aux recherches
d'Alfred Binet dans une école parisienne. Bien
que critique envers la nature rigide des tests,
Piaget avait été fasciné par la raison pour
laquelle les enfants se trompaient
invariablement en répondant à certaines
questions. En discutant avec eux, il avait
découvert le domaine qu'il allait étudier le
reste de sa vie – la manière dont se développe
le savoir – ainsi que sa méthodologie :
interviews en tête à tête avec ses sujets.

Piaget a écrit plus d'une cinquantaine de
livres et des centaines d'articles, traitant
surtout du développement de l'enfant, bien
qu'il ait toujours affirmé qu'il n'était pas
psychologue pour enfants, mais
épistémologiste génétique, car son véritable
intérêt était le développement de la
connaissance. Ses sujets préférés étaient ses
trois enfants, étudiés bien au-delà de l'âge de
12 ans lors de ses premiers travaux.

SINGES DE HARLOW

Théorie en 30 secondes

Harry Harlow s'intéressait à la formation du lien entre la mère et l'enfant, et essayait d'évaluer l'importance relative du besoin de nourriture et d'affection de l'enfant. Lors d'une série d'expériences célèbres mais moralement contestables, il avait séparé des bébés singes rhésus de leurs mères et les avait élevés en cage avec des mères de « substitution ». Les bébés singes avaient le choix entre deux telles mères : l'une faite en fil de fer auquel était attaché un biberon de lait, l'autre faite en tissu éponge doux, mais sans biberon. Harlow avait constaté que les bébés passaient la plupart de leur temps accrochés à la mère en tissu, même si « elle » n'offrait pas de nourriture. Lors d'une autre expérience, il avait placé dans les cages des bébés une seule de ces deux mères. Les bébés singes accompagnés d'une mère en tissu s'étaient sentis assez en sécurité pour explorer leur nouveau milieu – se réfugiant auprès d'« elle » et s'y raccrochant lorsqu'un bruit fort les effrayait. Par contre, les bébés accompagnés de la mère en fil de fer n'exploraient pas leur environnement et, s'ils étaient effrayés, se figeaient et se recroquevillaient ou couraient sans but dans la cage.

PSYCHÉ EN 3 SECONDES
Les bébés singes ont besoin de chaleur, de contact et de confort au moins autant qu'ils ont besoin de nourriture, et cela est probablement aussi valable pour les bébés humains.

ANALYSE EN 3 MINUTES
Harlow avait montré que les bébés singes ont un besoin instinctif de contact affectif, aussi essentiel que la nourriture. Ce faisant, il s'était élevé contre les théories d'attachement de l'« amour intéressé » prônées par les béhavioristes et les psychanalystes, qui affirmaient que le bébé se lie à sa mère parce qu'elle peut satisfaire son besoin instinctif de nourriture. Il pensait aussi que le père peut soigner un bébé aussi bien que la mère, idée révolutionnaire à l'époque.

THÉORIE LIÉE
Voir aussi
BÉHAVIORISME DE WATSON
Page 16

BIOGRAPHIE EN 3 SECONDES
HARRY HARLOW
1905-1981

TEXTE EN 30 SECONDES
Moheb Costandi

Les études de Harlow sur les bébés singes avaient établi que les bébés ne se pelotonnent pas contre leur mère pour obtenir du lait, mais par réel besoin d'affection.

t changement

STADES MORAUX DE KOHLBERG

Théorie en 30 secondes

Lawrence Kohlberg a étudié le développement moral en présentant aux enfants des dilemmes impliquant un conflit entre deux ou plusieurs principes moraux. En se basant sur le raisonnement étayant les réponses que donnaient les participants, il les classait selon leur niveau de développement moral. Kohlberg avait identifié trois niveaux de développement moral, chacun comportant deux stades. Au stade 1, le sens du bien et du mal de l'enfant est déterminé par ce qui est puni et par ce qui ne l'est pas, et au stade 2 par ce que les autres veulent et par ce qui apporte une récompense. Au stade 3, le bon comportement est caractérisé par ce qui plaît aux autres et les aide, au stade 4 par le respect de l'autorité. Au stade 5, les enfants comprennent que les règles normalement obligatoires sont parfois supplantées par les droits de l'individu. Au stade 6, le plus élevé, les actions sont déterminées par les principes éthiques de son propre choix – justice, égalité, respect de la dignité humaine – définis par la réflexion. Ces principes sont abstraits et universels et la responsabilité morale plénière ne peut être atteinte qu'en agissant en conformité avec eux. Kohlberg pensait que seuls 10 % des adultes atteignaient ce niveau de raisonnement moral. En poursuivant ses études, il avait fini par conclure que le stade 6 pouvait ne pas être un stade distinct.

THÉORIES LIÉES
Voir aussi
STADES DE DÉVELOPPEMENT
DE PIAGET
Page 32

« Papa, ce n'est pas juste que tu me grondes maintenant pour mon mauvais comportement – je ne suis qu'au cinquième des stades de moralité de Kohlberg. »

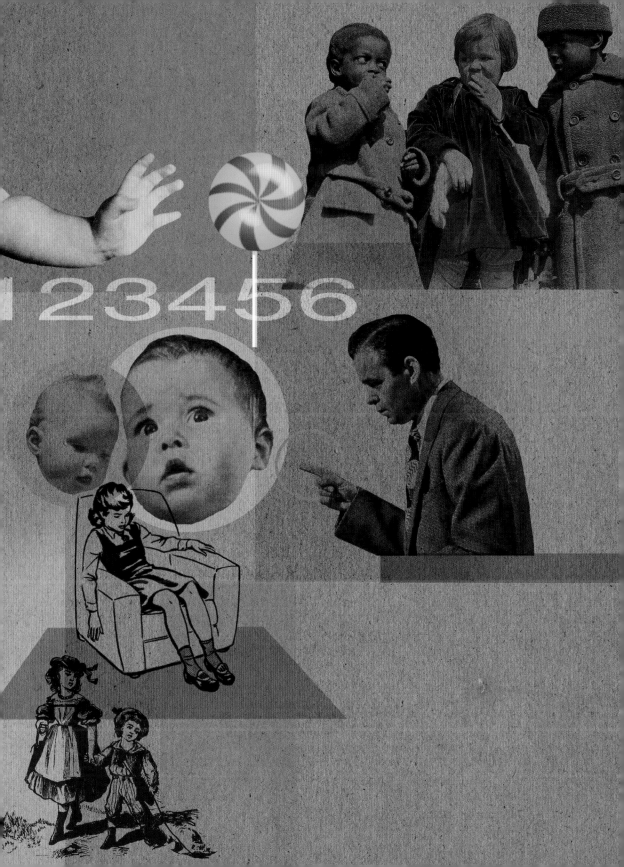

123456

NEUROPLASTICITÉ

Théorie en 30 secondes

PSYCHÉ EN 3 SECONDES
Ce que vous faites et pensez peut changer la structure de votre cerveau.

ANALYSE EN 3 MINUTES
Une raison pour laquelle on débat actuellement beaucoup sur la neuroplasticité est le fait qu'elle contredit l'idée que le mental est une machine statique traitant l'information comme un ordinateur. De plus, même si l'idée que le mental est basé dans le cerveau est devenue classique, nous ne croyons toujours pas vraiment que toutes nos pensées et tous nos sentiments sont dus à un monceau de cellules situé entre nos oreilles.

Plastique signifie flexible. La neuroplasticité est définie comme étant l'ensemble de moyens par lesquels le cerveau se modifie en réaction à ce que nous faisons et ressentons. Si vous pensez que le mental est l'activité du cerveau, alors tout changement du mental doit, logiquement, entraîner des changements dans le cerveau. Ceci devrait prouver la neuroplasticité. Ce qui surprend en fait les neuroscientifiques est le degré auquel le cerveau peut changer en réaction aux blessures ou aux nouveaux défis. Chez les aveugles, ou – comme l'a démontré Alvaro Pascual-Leone – même chez les personnes qui ont les yeux bandés pendant cinq jours, des aires « tactiles » se substituent aux aires « visuelles » du cerveau. Cette réorganisation en fonction des activités (comme la vue et le toucher) semble être un principe général du développement cérébral, qui opère tout au long de la vie, pas juste dans l'enfance. Pour citer un exemple célèbre, on a démontré que la partie du cerveau impliquée dans l'orientation est plus développée chez les chauffeurs de taxi de Londres, qui passent leur vie d'adultes à circuler dans la ville. Le concept de neuroplasticité postule que nous pouvons changer tout au long de notre vie la manière dont nous réfléchissons ainsi que nos capacités. En restant mentalement actifs nous pouvons rester flexibles et alertes en vieillissant.

THÉORIES LIÉES
Voir aussi
CHIENS DE PAVLOV
Page 134

BIOGRAPHIE EN 3 SECONDES
ALVARO PASCUAL-LEONE
1961-

TEXTE EN 30 SECONDES
Tom Stafford

Le cerveau peut être flexible – les études sur les aveugles ont montré que leurs autres sens s'emparent souvent des parties visuelles redondantes de leur cerveau.

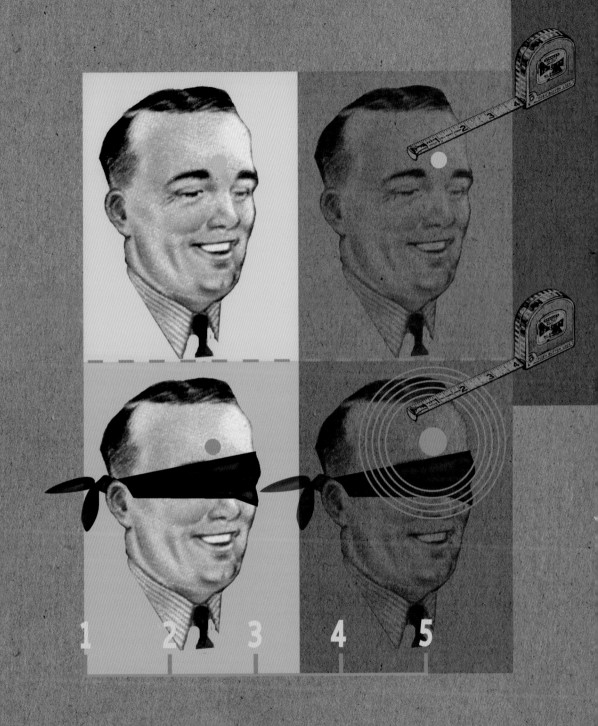

PRISE DE DÉCISION ET ÉMOTIONS

PRISE DE DÉCISION ET ÉMOTIONS
GLOSSAIRE

amygdale Partie du cerveau qui contrôle la peur, l'agressivité et la mémoire émotionnelle. On les trouve dans les deux hémisphères cérébraux, au plus profond des lobes temporaux. Les études ont montré qu'en cas de dommage aux amygdales, les animaux agressifs deviennent dociles, même timides.

biais de contrainte Tendance à se montrer sans raison optimiste quant à sa capacité de contrôler son comportement lorsqu'on est excité. Le terme vient de la théorie de l'écart d'empathie chaud-froid du psychologue américain George Loewenstein, développée entre autres par Loran Nordgren.

cortex préfrontal Partie du cerveau située dans la région antérieure des lobes frontaux, responsable de l'expression de la personnalité, des jugements moraux et du contrôle des pulsions sexuelles.

économie béhavioriste Branche de l'économie qui étudie les facteurs influençant les décisions financières. Puisant dans la psychologie, l'économie béhavioriste montre que, loin de l'image de l'« homme économique » rationnel esquissée par l'économie classique, les gens basent souvent leurs décisions sur la pulsion, la préconception et l'intuition. Les pulsions psychologiques vont de l'altruisme à l'auto-sabotage.

état chaud Dans un état excité, par opposition à un « état froid. »

état froid Dans un état non excité, par opposition à l'« état chaud » où les appétits sont éveillés. Le terme a pour origine la théorie de l'écart d'empathie chaud-froid. Loewenstein avait constaté que les gens dans un état non excité (froid) n'anticipaient pas leur comportement lorsqu'ils étaient excités (chaud). Il utilisait l'exemple de jeunes hommes qui, dans le feu de l'action, seraient tentés de faire l'amour sans préservatif, un comportement sexuel risqué.

hippocampe Partie du cerveau responsable de la mémoire à long terme, située dans les lobes frontaux.

inné Partie essentielle existant depuis la naissance. Du latin *innatus*, « naître dans ».

intuition Connaissance due à l'instinct et non pas acquise grâce à un processus rationnel. Du latin *intuito*, « regarder attentivement ».

lobes frontaux Parties du cerveau impliquées dans les actions motrices, les jugements moraux, le langage, la prise de décision et la mémoire à long terme.

neurologue Médecin spécialisé dans le traitement du système nerveux, dont le cerveau. Il se penche, entre autres, sur l'état physique du cerveau, les fonctions physiques affectées par le cerveau, tels que l'équilibre et les fonctions motrices, et les capacités cognitives telles que la mémoire et la parole. Il peut orienter vers un physiothérapeute, prescrire des médicaments et/ou une intervention chirurgicale.

physiologique Relatif au fonctionnement d'un organisme ou d'un organe. D'habitude, une réaction physiologique est déclenchée par le cerveau. Le débat se poursuit quant à l'étape où le cerveau conscient entre en action et au fait que les émotions déclenchent la réaction ou vice-versa. L'exemple classique donné par la théorie de l'émotion de James-Lange est celui d'une personne tombant sur un ours dans les bois. Sa réaction physiologique lui enjoint d'avoir peur et de se sauver. Selon James-Lange, toutefois, la peur est déclenchée par la réaction physiologique que le cerveau identifie comme un symptôme de peur, pas l'inverse.

schizophrénie Diagnostic psychiatrique associé aux anomalies de plusieurs des neurotransmetteurs cérébraux. Typiquement, cette affection est marquée par une vision déformée de la réalité, une incapacité à fonctionner socialement, un retrait de la société, des illusions de grandeur et des hallucinations auditives. Parmi les catégories secondaires, on compte la schizophrénie paranoïde, désorganisée, catatonique, indifférenciée et résiduelle.

stimulus Cause externe ou interne capable de provoquer une réaction. Dans certains cas, la force d'un stimulus psychologique peut déclencher une réaction physique non contrôlée, comme des tics nerveux ou des spasmes.

systémique Relatif à un système dans son ensemble, dans le cas présent, le cerveau. Pour éradiquer un problème systémique, la totalité du système doit être traitée.

utilité attendue Manière de découvrir les préférences des gens en tenant compte de tous les facteurs, y compris de l'aversion pour le risque et de la préférence personnelle. Ce concept est différent du concept de la valeur attendue, concentré purement sur le gain financier espéré d'un jeu. L'utilité attendue explique pourquoi les gens ne prennent pas toujours la décision qu'on pourrait, rationnellement, attendre d'eux.

ÉMOTIONS UNIVERSELLES D'EKMAN

Théorie en 30 secondes

PSYCHÉ EN 3 SECONDES
Les cultures différentes utilisent les mêmes expressions faciales pour véhiculer des émotions telles que la colère, la peur, le dégoût, la tristesse et la surprise.

ANALYSE EN 3 MINUTES
Depuis le travail d'Ekman, il a été généralement admis que les expressions faciales sont le langage universel des émotions. Toutefois, une étude de 2009 a montré que les Européens occidentaux et les Asiatiques se servent de stratégies distinctes pour décoder les expressions faciales. La stratégie employée par les Asiatiques ne semble pas pouvoir distinguer avec fiabilité les expressions de peur et de dégoût codées par le FACS – ce qui suggère que l'expression des émotions n'est pas après tout si universelle que cela.

L'idée que les expressions humaines sont universelles remonte à Darwin et a été vulgarisée par Paul Ekman dans les années 1970. Ekman prône que les mouvements des muscles du visage sont les composants des expressions faciales, et que la relation entre ces mouvements et les émotions est universelle. Il a montré des photos de visages affichant diverses émotions à des gens originaires de différentes parties du monde : Amérique du Nord et du Sud, Japon, les hautes terres de la Papouasie-Nouvelle-Guinée, et avait constaté qu'ils assimilaient tous les mêmes visages aux mêmes descriptions d'émotions. Il avait aussi enregistré les expressions des étudiants américains et japonais qui visionnaient des films et observé chez tous les mêmes expressions. Pour lui, ces résultats étaient la preuve que l'expression des émotions est constante à travers les cultures. Il suggérait que cette universalité apparente est à mettre au compte de l'évolution, des mécanismes cérébraux innés ou des processus de développement communs. À partir de ses découvertes, Ekman avait conçu la méthode FACS (Facial Action Coding System), codification standardisée de toutes les expressions faciales. Il l'avait appliquée à l'étude de la façon dont les expressions changent chez les personnes souffrant de troubles psychiatriques et prônait que les malades de dépression et de schizophrénie ne pouvaient pas identifier les émotions spécifiques. Actuellement, le FACS est encore la méthode la plus utilisée.

THÉORIE LIÉE
Voir aussi
PSYCHOLOGIE ÉVOLUTIONNIST[E]
Page 24

BIOGRAPHIE EN 3 SECONDES
PAUL EKMAN
1934-

TEXTE EN 30 SECONDES
Moheb Costandi

Le FACS d'Ekman codifie chaque expression faciale humaine imaginable en fonction des muscles ou des « unités d'action » qui sont contractés à un moment donné.

TÂCHE FASTIDIEUSE DE FESTINGER

Théorie en 30 secondes

Si vous pensez une chose, mais faites ou dites une autre, que se passe-t-il sur le plan psychologique ? En absence de toute justification externe du comportement anormal, la contradiction est réglée en modifiant votre conviction originale. Le psychologue américain Leon Festinger l'a montré lors d'une célèbre expérience de 1959 réalisée avec James Carlsmith, « la tâche fastidieuse ». Après avoir effectué une tâche fastidieuse d'une heure consistant à placer des patères sur un tableau, les étudiants étaient payés soit 1 $, soit 20 $ pour convaincre une autre personne que la tâche était intéressante. Les étudiants avaient été interrogés plus tard par un chercheur sur ce qu'ils pensaient vraiment de cette tâche : ceux payés juste 1 $ l'avaient trouvée intéressante, ceux payés 20 $, terriblement fastidieuse. La conviction des étudiants que la tâche était fastidieuse contredisait le fait qu'ils venaient juste de dire à une autre personne que la tâche était intéressante, suscitant donc une « dissonance cognitive ». Pour les étudiants payés 20 $, cette contradiction était facile à régler – ils étaient bien payés, donc ils mentaient. Toutefois, pour les étudiants payés 1 $, la contradiction était plus facile à régler en modifiant leur conviction initiale.

THÉORIES LIÉES
Voir aussi
BIAIS DE CONFIRMATION DE WASON
Page 60

EFFET DE LAKE WOBEGON
Page 90

BIOGRAPHIES EN 3 SECONDES
LOUISA EGAN
1983-

LEON FESTINGER
1919-1989

TEXTE EN 30 SECONDES
Christian Jarrett

Dites-vous que mettre des patères sur un tableau toute la journée est très drôle et vous finirez par le croire.

THÉORIE DE L'ÉMOTION DE JAMES-LANGE

Théorie en 30 secondes

L'enveloppe atterrit avec un bruit sourd sur le paillasson. Vous la déchirez, parcourez la lettre et la voilà, la ligne cruciale annonçant que vous avez obtenu le poste. La joie éclate, un grand sourire éclaire votre visage. Attendez un instant. Selon la théorie de l'émotion de James-Lange – proposée indépendamment par le grand psychologue américain William James et le physiologiste danois Carl Lange – cette description prend les choses à l'envers. James et Lange prônaient qu'un stimulus, dans ce cas la bonne nouvelle, déclenche une réaction physiologique, comme l'accélération du pouls et le sourire. Ce sont ces changements corporels et faciaux qui causent l'émotion, dans ce cas la joie. James donnait l'exemple de la rencontre avec un ours. Nous ne sommes pas effrayés, disait-il. Nous tremblons et nous courons, et ce sont ces changements corporels qui provoquent la frayeur. La théorie de James-Lange a été remise en question au début du xxᵉ siècle par le physiologiste Walter Cannon. Celui-ci a mené des expériences montrant que les chiens présentaient encore des émotions même après qu'il avait sectionné leur moelle épinière, empêchant ainsi le feed-back corporel d'atteindre leur cerveau.

THÉORIES LIÉES
Voir aussi
PRISE ÉMOTIONNELLE
DE DÉCISION DE DAMASIO
Page 58

CHIENS DE PAVLOV
Page 134

COGNITION INCORPORÉE
Page 144

**BIOGRAPHIES
EN 3 SECONDES**
WALTER CANNON
1871-1945

WILLIAM JAMES
1842-1910

CARL LANGE
1834-1900

TEXTE EN 30 SECONDES
Christian Jarrett

PSYCHÉ EN 3 SECONDES
Les émotions ne suscitent pas les processus physiologiques, ce sont les processus physiologiques qui provoquent les émotions.

ANALYSE EN 3 MINUTES
La théorie de James-Lange a été confirmée récemment par des études montrant que le simple acte de sourire faisait les gens se sentir plus heureux. L'étude des femmes ayant subi un traitement cosmétique au botox a montré que les centres émotionnels de leur cerveau étaient moins actifs quand elles arboraient une expression de colère. Les hommes de science ont avancé l'hypothèse qu'en paralysant certains de leurs muscles faciaux, le botox diminue l'influence émotionnelle du feed-back corporel.

Si un ours vous charge, continuez à sourire et vous ne serez pas du tout effrayé. Et qui sait, peut-être que l'ours vous sourira en retour.

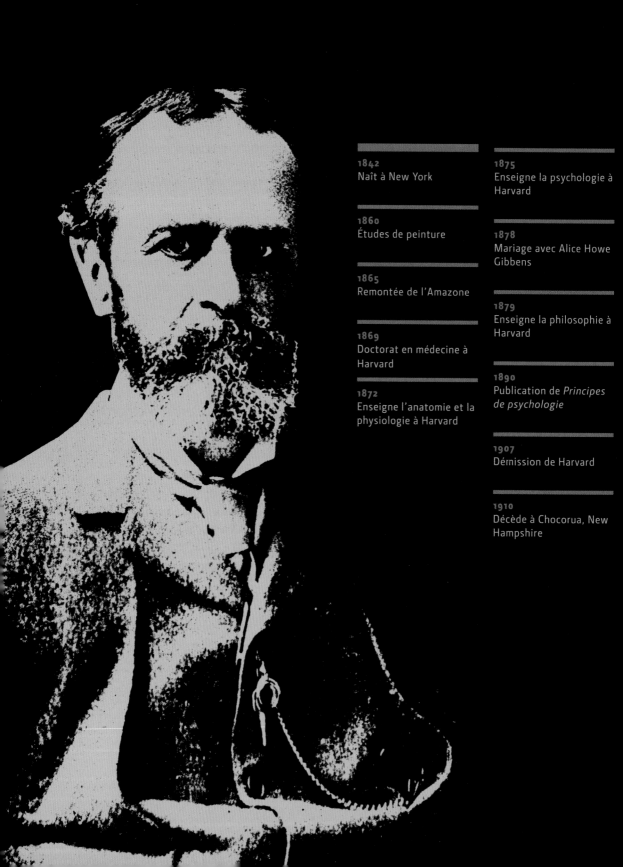

1842
Naît à New York

1860
Études de peinture

1865
Remontée de l'Amazone

1869
Doctorat en médecine à Harvard

1872
Enseigne l'anatomie et la physiologie à Harvard

1875
Enseigne la psychologie à Harvard

1878
Mariage avec Alice Howe Gibbens

1879
Enseigne la philosophie à Harvard

1890
Publication de *Principes de psychologie*

1907
Démission de Harvard

1910
Décède à Chocorua, New Hampshire

WILLIAM JAMES

Il parait que le génie court dans la famille. Peu de familles le démontrent mieux que les James de New York. Non seulement le patriarche de la famille, Henry James Sr, avait été un théologien riche et respecté, mais trois de ses enfants ont à leur tour connu la célébrité dans leur domaine respectif : l'écrivain Henry James, la chroniqueuse Alice James et le psychologue William James.

Cependant, être un membre de la famille James devait être difficile, car les cinq enfants de Henry James Sr ont souffert à divers degrés de dépression et/ou de diverses affections physiques. Leur éducation, bien que privilégiée, avait manqué de stabilité – les voyages avaient été fréquents entre les États-Unis et l'Europe – et semble avoir déteint sur les fils célèbres. Alors que Henry avait commencé par étudier le droit à Harvard avant de passer à la littérature, William avait étudié la peinture avant de passer à la médecine, puis d'enseigner la psychologie à Harvard. Alors qu'Henry avait été un pionnier de la technique romanesque du narrateur incertain et des monologues intérieurs, William, en plus d'être le créateur du concept de « flux intensif de conscience », est aussi connu pour sa théorie pragmatique de la vérité examinant la nature de celle-ci. Une chose dont les deux frères paraissaient certains était que rien n'est sûr.

Comme son frère, William a été un écrivain prolifique, mais ce fut la publication des *Principes de psychologie*, lui ayant pris une douzaine d'années, qui a confirmé sa place de « père de la psychologie américaine ». Ses 1200 pages et sa variante en résumé sont rapidement devenues des références. William n'était pourtant pas très content de sa création, la décrivant comme une « masse détestable, distendue, tuméfiée, ballonnée, hydropique, témoignant seulement de deux faits : le premier, qu'il n'y a pas de chose telle qu'une science de la psychologie, le second, que William James est un incapable. » Paroles sévères, effectivement. Néanmoins, sa vérité n'a pas été la vérité de tous.

PRISE DE DÉCISION ÉMOTIONNELLE DE DAMASIO

Théorie en 30 secondes

À la fin des années 1970, Antonio Damasio, neurologue américain, avait noté quelque chose de bizarre chez plusieurs de ses patients. Lorsque certaines parties de leur cerveau étaient endommagées, des gens dont le fonctionnement cérébral était par ailleurs normal avaient du mal à prendre des décisions. Par exemple, un de ses patients avait passé une demi-heure à réfléchir à son rendez-vous suivant, jusqu'à ce que Damasio lui dise à quelle heure venir. Des expériences ultérieures avaient convaincu Damasio que les aires détériorées du cerveau de ces patients étaient responsables de la connexion des émotions avec la connaissance et la logique. Comme les émotions sont généralement ressenties sur le plan somatique, il a appelé son explication de la prise de décision « hypothèse du marqueur somatique ». Lorsqu'on montre aux patients au cortex préfrontal endommagé des images à dominante émotionnelle, comme des corps mutilés ou des personnes faisant l'amour, leur rythme cardiaque et leurs autres signes vitaux ne s'accélèrent pas, à la différence de personnes dont le cerveau est en parfait état. Pareillement, ces patients perdent tout leur argent lors d'un jeu de hasard simple, alors que les personnes normales perçoivent comment en profiter. L'hypothèse du marqueur somatique dit que le cortex préfrontal stocke les connaissances concernant les émotions – comme les sentiments négatifs associés à la perte d'argent – qui aident à prendre les bonnes décisions. Celles-ci ne sont pas seulement logiques, elles sont aussi émotionnelles.

PSYCHÉ EN 3 SECONDES
Prenez-vous des décisions reposant sur la logique froide ou les émotions vives ? Probablement les deux.

ANALYSE EN 3 MINUTES
L'aire cérébrale associée spécifiquement à l'hypothèse du marqueur somatique est le cortex préfrontal ventro-médian, situé juste derrière et au-dessus des yeux. À part l'observation des attentes de ses patients, Damasio considérait qu'il était logique que cette région soit impliquée dans la prise de décision. Elle reçoit des données de tous les sens, en plus d'être connectée aux centres émotionnels cérébraux, l'hippocampe et l'amygdale – et elle est une partie du lobe frontal, où prend place le raisonnement.

THÉORIES LIÉES
Voir aussi
PSYCHOLOGIE ÉVOLUTIONNISTE
Page 24
ÉMOTIONS UNIVERSELLES D'EKMAN
Page 50
THÉORIE DES PERSPECTIVES DE KAHNEMAN ET TVERSKY
Page 64

BIOGRAPHIES EN 3 SECONDES
ANTOINE BECHARA
1961-

ANTONIO DAMASIO
1944-

TEXTE EN 30 SECONDES
Dave Munger

Essayez de prendre une décision calme, sage, réfléchie. Elle sera moins bonne si vous laissez intervenir vos émotions.

BIAIS DE CONFIRMATION DE WASON

Théorie en 30 secondes

PSYCHÉ EN 3 SECONDES
On cherche l'information qui soutient ses convictions existantes et on fait particulièrement attention à elle.

ANALYSE EN 3 MINUTES
Nous lisons des journaux qui avancent nos propres opinions politiques et faisons davantage attention aux publicités de nos marques préférées. Qu'arrive-t-il quand nous sommes confrontés à la preuve scientifique qui contredit directement nos convictions personnelles ? Une étude de 2010 menée à l'université de Towson par le psychologue Geoffrey Munro a constaté qu'une telle situation conduit la plupart des gens à conclure que le sujet en cours, ainsi que d'autres, ne sont pas prêts à l'investigation scientifique – ce qu'il a nommé l'« excuse de l'impuissance scientifique ».

Dans les années 1960, le psychologue britannique Peter Wason avait montré à des participants à une étude quatre cartes. Deux étaient marquées d'une lettre, deux d'un chiffre : B, E, 4, 8. Les participants devaient décider quelles cartes retourner pour tester l'affirmation : « Si une carte est marquée d'un "B" sur le recto, il y a toujours un "4" sur le verso. » La plupart des participants avaient choisi de tourner la carte « B », ce qui est assez correct – toute marque autre qu'un « 4 » sur un côté réfuterait cette affirmation. Toutefois, la majorité des participants avait préféré le choix erroné de retourner le « 4 », ce qui n'avait pas de sens. La présence d'un « B » sur un côté soutient l'affirmation, mais pas de façon probante. La présence de tout autre chiffre ou lettre ne modifie pas l'affirmation. Les participants auraient dû retourner également le « 8 ». Si son verso montrait un « B », l'affirmation serait faussée. De concert avec d'autres expériences menées par Wason, cette « sélection » a mis en évidence l'existence d'un fort « biais de confirmation » – la tendance à chercher des preuves soutenant nos croyances déjà existantes.

THÉORIES LIÉES
Voir aussi
TÂCHE FASTIDIEUSE DE FESTINGER
Page 52
PENSÉE DE GROUPE DE JANIS
Page 72

BIOGRAPHIE EN 3 SECONDES
PETER WASON
1924-2003

TEXTE EN 30 SECONDES
Christian Jarrett

Pour améliorer votre prise de décision, depuis le vote aux courses, essayez de peser le pour et le contre de votre préférence actuelle.

BE48

ÉPUISEMENT DE L'EGO DE BAUMEISTER

Théorie en 30 secondes

THÉORIES LIÉES
Voir aussi
TÂCHE FASTIDIEUSE
DE FESTINGER
Page 52
THÉORIE DES PERSPECTIVES
DE KAHNEMAN ET TVERSKY
Page 64

**BIOGRAPHIE
EN 3 SECONDES**
ROY BAUMEISTER
1953-

TEXTE EN 30 SECONDES
Christian Jarrett

PSYCHÉ EN 3 SECONDES
Comme l'essence de votre voiture, la volonté est une ressource limitée – l'utiliser entièrement dans une situation donnée vous laissera vulnérable à la tentation d'une autre.

ANALYSE EN 3 MINUTES
Selon le psychologue Loran Nordgren et ses collaborateurs de la Northwestern University, l'une des raisons pour lesquelles nous nous laissons souvent tenter est que si nous sommes rassasiés – ce qu'ils appellent « état froid » – nous sous-estimons la force de nos désirs quand nous sommes en un « état chaud » (affamés, fatigués ou lascifs). Ils appellent cela le biais de « contrainte ».

Une assiette avec un gâteau frais et appétissant se trouve juste sous votre nez. Pouvez-vous lui résister ? Cela dépend de ce que vous avez fait plus tôt dans la journée. Les études menées au cours des deux dernières décennies par le psychologue américain Roy Baumeister ont montré que la volonté est une ressource limitée – vous efforcer de vous maîtriser dans une situation donnée vous fera vaciller plus facilement plus tard. Par exemple, lors d'une expérience classique, Baumeister avait demandé aux participants de s'asseoir dans leur chambre, de résister aux gâteaux, leur préférant deux ou trois radis, également sur la table. Par la suite, les participants frugaux ont abandonné bien plus tôt un puzzle difficile que l'ont fait les étudiants qui avaient eu le droit de manger les gâteaux. Curieusement, une étude récente a constaté que nous pouvons montrer un « épuisement de l'ego » – le terme de Baumeister désignant le moment où notre volonté se lasse – simplement en imaginant le désarroi de l'autre personne, forcée de se priver. La bonne nouvelle est qu'il y a des preuves que nous pouvons bâtir notre volonté par la pratique, un peu comme un muscle. Résistez aujourd'hui à ce gâteau et qui sait, ce sera peut-être plus facile demain.

Si vous venez de manger, vous pouvez résister à ces gâteaux, mais ne sous-estimez pas leur attrait quand vous aurez de nouveau faim.

THÉORIE DES PERSPECTIVES DE KAHNEMAN ET TVERSKY

Théorie en 30 secondes

PSYCHÉ EN 3 SECONDES
Nos calculs de risque ne sont pas objectifs, selon que nous pouvons gagner ou perdre.

ANALYSE EN 3 MINUTES
La théorie des perspectives a apporté à Daniel Kahneman le prix Nobel d'économie en 2002. L'« économie béhavioriste » qui cherche à découvrir la manière dont nous nous comportons réellement en dehors de tout comportement rationnel repose sur cette théorie. Comme tout jeu de hasard peut apporter une perte ou un gain selon ce que vous tenez pour le *statu quo*, une conséquence importante de cette théorie est que vous pouvez changer ce que les gens ressentent à propos d'un jeu de hasard selon que vous le décrivez comme une chance de gagner ou le risque de perdre.

Il y a une manière rationnelle d'effectuer les calculs impliquant des risques. Si vous avez le choix entre une chance de 100 % de perdre 15 $ et une chance de 5 % d'en perdre 400, vous devez multiplier 15 par 1,00 et 400 par 0,05 et choisir le résultat le plus bas. C'est le calcul de l'« utilité attendue ». Toutefois, vous n'utilisez probablement pas cette méthode – quand on vous demande de faire des choix impliquant des risques, vous faites probablement appel à l'intuition. Daniel Kahneman et Amos Tversky ont développé la théorie des perspectives pour décrire ce genre d'intuitions. Leur théorie postule que nous pensons aux risques de perdre d'une manière différente que celle dont nous considérons les chances de gagner. Dans l'exemple mentionné, le second choix a la plus basse utilité attendue (400 x 0,05 = 20 $, autrement dit, une perte « prévisible » de 20 $, comparée aux 15 $ du premier choix) – mais beaucoup préfèrent intuitivement le second choix. Pour la théorie des perspectives, c'est le « risque de quête de pertes ». Vous misez sur une grosse perte pour éviter une petite perte courue d'avance. L'inverse, vous préférez un petit gain certain à une mise sur un gain potentiel plus considérable. Pour la théorie des perspectives, c'est le « risque opposé aux gains ».

THÉORIES LIÉES
Voir aussi
COGNITIVISME
Page 22
PRISE ÉMOTIONNELLE DE DÉCISION DE DAMASIO
Page 58
BIAIS DE CONFIRMATION DE WASON

BIOGRAPHIES EN 3 SECONDES
DANIEL KAHNEMAN
1934-
AMOS TVERSKY
1937-1996

TEXTE EN 30 SECONDES
Tom Stafford

Les pertes renferment deux fois le pouvoir émotionnel des gains de même valeur.

PSYCHOLOGIE SOCIALE

archétypal Relatif à un archétype, modèle invariant le plus représentatif d'une catégorie ou symbole universel appartenant à l'inconscient collectif (selon Jung).

déshumanisation Processus privant une personne ou un groupe de personnes de leur caractère humain, de la dignité humaine, donc du droit de jouir des mêmes droits que les autres hommes, en raison de la différence de couleur de la peau, de religion ou d'intelligence. L'exemple classique est la déshumanisation des juifs par les nazis, plus récemment le conflit entre Tutsis et Hutus au Rwanda et entre Serbes et autres groupes ethniques dans l'ancienne Yougoslavie.

endogène (intra-groupe) Relations prenant place entre deux ou plusieurs groupes sociaux. Ces relations jouent un rôle important pour la compréhension du conflit social. La manière dont les gens se comportent en groupe peut différer considérablement de la manière dont ils se comportent en tant qu'individus hors du groupe.

exogène (hors-groupe) Groupe extérieur à la structure sociale à laquelle appartient une personne. Ce type de groupe est le plus souvent regardé avec des degrés variés de dédain ou de suspicion. Ce concept a pour source la théorie de l'identité sociale développée dans les années 1970 par le sociologue Henri Tajfel et ses collaborateurs afin d'expliquer les origines du préjugé racial.

hypothèse Proposition relative à l'explication d'un phénomène, prédisant souvent une issue à partir d'un certain ensemble de circonstances. La plupart des théories scientifiques débutent en tant qu'hypothèses qui doivent être prouvées expérimentalement.

identité sociale Sentiment d'appartenance. Quatre tendances principales existent : identité personnelle (convictions religieuses, travail), identité de groupe (supporter d'une équipe de football, adhérent d'un parti politique), comparaison (l'individu se compare avec d'autres groupes) et caractère psychologique distinctif (caractéristiques propres de l'individu). La combinaison de ces éléments forme l'identité sociale d'une personne, théorie développée par Henri Tajfel dans les années 1970.

individualité Ensemble des caractéristiques distinguant une personne ou une chose des autres appartenant au même groupe. Les sociétés sont axées sur l'individualisme ou le collectivisme – la plupart des pays occidentaux placent un plus grand accent sur l'individu, les pays asiatiques encouragent la collectivité.

pathologique Relatif à la pathologie, l'étude des maladies. En psychologie, ce terme fait référence au comportement anormal dû à une maladie mentale ou signalant la présence de celle-ci. Dans le langage courant, terme relatif au comportement s'écartant de ce qui est tenu pour la norme.

polarisation de groupe Tendance d'un groupe de personnes aux opinions semblables à adopter des points de vue plus extrémistes qu'ils embrasseraient individuellement. Cela arrive quand le groupe est dynamique, les avis contraires sont écartés et les choses semblent aller à leur propre allure. Le résultat de cette polarisation de groupe est susceptible d'influencer la décision des jurés d'un procès et conduire à des actions extrêmes, comme des lynchages.

profil de personnalité Résumé des éléments provenant des résultats de tests psychologiques comparés à des types standard de personnalité.

schizophrénie Diagnostic psychiatrique associé aux anomalies de plusieurs des neurotransmetteurs cérébraux. Typiquement, cette affection est marquée par une vision déformée de la réalité, une incapacité à fonctionner socialement, un retrait de la société, des illusions de grandeur, des hallucinations auditives. Parmi les catégories secondaires, on compte la schizophrénie paranoïde, désorganisée, catatonique, indifférenciée et résiduelle.

respect de soi Sentiment de sa propre valeur, ayant un profond impact sur le comportement d'une personne.

systémique Notion d'appartenir à un système plus grand plutôt qu'être un élément isolé. La psychologie systémique considère que les hommes se développent en partie par leur conscience individuelle et en partie par la communication avec les autres, qui les met en contact avec le « système » plus global. Ramification de la théorie générale des systèmes, développée par Gregory Bateson dans les années 1970.

EFFET DU SPECTATEUR

Théorie en 30 secondes

En mars 1964, dans le district de
de Kew Gardens de New York, Kitty Genovese,
gérante de bar, avait été poignardée devant
trente-huit de ses voisins. Aucun ne s'était
porté à son secours. La tragédie avait suscité
l'indignation dans la presse locale et avait inspiré
aux psychologues John Darley et Bibb Latané
l'étude d'un phénomène connu par le nom
d'« effet du spectateur ». Dans leur article de
1968 ayant fait école, Darley et Latané font le
compte rendu d'une expérience où ils avaient
fait penser aux participants à l'étude qu'une
personne présente dans la pièce tombait, en
proie à une crise. Ils avaient constaté que les
participants qui se croyaient seuls dans la pièce
avec la « victime » étaient bien plus susceptibles
de demander de l'aide, et de le faire plus
rapidement que les participants assis dans une
pièce avec trois ou quatre autres personnes.
Apparemment, la présence d'autres personnes
diminue le sentiment individuel de responsabilité
lors d'une situation donnée.

PSYCHÉ EN 3 SECONDES
Plus il y a de personnes
présentes dans une
situation donnée, moins
nous sommes susceptibles
d'intervenir si quelqu'un a
besoin d'aide.

ANALYSE EN 3 MINUTES
Lorsque l'historien Joseph
de May avait analysé le
procès de Winston
Moseley – l'assassin de
Kitty Genovese – il avait
constaté que l'histoire des
trente-huit témoins
n'ayant pas porté secours
n'était qu'un mythe
reposant sur des articles
fantaisistes publiés par les
journaux de l'époque. En
fait, la seconde attaque de
Moseley sur Kitty
Genovese, à l'issue fatale,
avait pris place sur un
escalier hors de la vue de
tous les témoins à
l'exception d'un seul.
Cependant, d'innombrables
études psychologiques ont
confirmé que l'« effet du
spectateur » est bien réel.

THÉORIES LIÉES
Voir aussi
PRISON DE ZIMBARDO
Page 76
ÉTUDE DE L'OBÉISSANCE
DE MILGRAM
Page 80
ERREUR FONDAMENTALE
D'ATTRIBUTION
Page 94

**BIOGRAPHIES
EN 3 SECONDES**
JOHN DARLEY
1938-

KITTY GENOVESE
1935-1964

BIBB LATANÉ
1937-

TEXTE EN 30 SECONDES
Christian Jarrett

*Ne vous éloignez pas
sans rien faire. Si tout
le monde suppose
qu'une autre personne
fera quelque chose
pour aider, une
tragédie risque de se
produire.*

PENSÉE DE GROUPE DE JANIS

Théorie en 30 secondes

PSYCHÉ EN 3 SECONDES
Les groupes d'individus ayant les mêmes idées, coupés d'autres influences, peuvent finir par ignorer les avis contraires et prendre des décisions réellement terribles.

ANALYSE EN 3 MINUTES
Depuis le travail original de Janis, la pensée de groupe a été blâmée pour de multiples catastrophes, dont l'explosion de la navette spatiale *Challenger*. Avant la guerre d'Irak, le fait que les agences de renseignement étaient persuadées que Saddam Hussein possédait des armes de destruction massive a la même source. En 2004, d'après les déclarations à la presse de Pat Roberts, à l'époque Président du Comité des renseignements du Sénat américain, la « pensée de groupe » avait poussé ces agences à interpréter des preuves ambiguës comme des preuves concluantes.

Dans l'idée des experts autant que des profanes, les groupes prennent des décisions plus conservatrices que les individus, car ils arrivent à des décisions reflétant l'opinion moyenne de tous ses membres, édulcorant ainsi les points de vue extrêmes. Pourtant, c'est faux. Une étude révolutionnaire de 1961 menée par James Stoner, reproduite des centaines de fois depuis, avait montré que les groupes prennent en fait des décisions plus polarisées que les individus. Que ce soit par rapport à la prise de risque financier ou aux attitudes politiques, la discussion dans le groupe accentue tout préjugé initial de ses membres. Au début des années 1970, le psychologue Irving Janis de l'université de Yale avait postulé que certaines conditions pouvaient conduire à une forme particulièrement extrême de polarisation de groupe, qu'il a appelée « pensée de groupe », où une illusion dangereuse de consensus l'emporte. Parmi les conditions préalables aboutissant à cela : des membres ayant les mêmes idées, le leader du groupe faisant connaître sa position, groupe coupé d'autres influences et opinions. Pour Janis, la pensée de groupe était responsable de la décision catastrophique concernant la tentative américaine d'invasion de la baie des Cochons (Cuba) et de l'échec des États-Unis à anticiper l'attaque japonaise sur Pearl Harbor lors de la Seconde Guerre mondiale.

THÉORIES LIÉES
Voir aussi
BIAIS DE CONFIRMATION DE WASON
Page 60
EFFET DU SPECTATEUR
Page 70
SUIVEZ LE LEADER
Page 84

BIOGRAPHIE EN 3 SECONDES
IRVING JANIS
1918-1990

TEXTE EN 30 SECONDES
Christian Jarrett

L'histoire montre que les groupes sont capables de prendre des décisions effroyables, surtout en absence d'avis contraire.

HYPOTHÈSE DE CONTACT D'ALLPORT

Théorie en 30 secondes

Le préjugé naît très tôt. En jouant, les jeunes enfants choisissent de préférence des compagnons de jeu ayant la même couleur de peau ou portant des vêtements ressemblant aux leurs. À l'âge adulte, dans les cas extrêmes, cet instinct risque d'inciter à déshumaniser ceux qu'on considère comme des étrangers. Selon le psychologue américain Gordon Allport, l'antidote est le contact entre les groupes, car en apprenant à connaître les « autres » nous découvrons qu'ils sont eux aussi humains. De nombreuses études, la plupart menées dans des endroits en proie à des troubles dus aux désaccords religieux et politique, comme l'Irlande du Nord, ont confirmé que les personnes ayant des contacts avec des membres des exogroupes tendaient à avoir une attitude plus positive envers leurs membres. Pour que le contact soit bénéfique, l'étranger doit être considéré comme étant représentatif du groupe auquel il appartient. Le contact, quant à lui, doit également être significatif. Lorsque les membres des différents groupes sociaux se fréquentent, ils finissent par comprendre combien nombreux sont les points qu'ils ont en commun.

PSYCHÉ EN 3 SECONDES
Le contact entre les membres des différents groupes sociaux : religieux, ethniques, tribaux, etc., aide à atténuer le préjugé et favorise les relations amicales entre groupes.

ANALYSE EN 3 MINUTES
Le problème de la plupart des études sur l'hypothèse de contact est qu'elles sont effectuées sur un échantillon. Elles ne peuvent pas prouver que le contact suscite des attitudes positives ; il se peut que les personnes aux attitudes plus positives cherchent simplement davantage de contact. Sur un ton plus optimiste, des études récentes suggèrent que le « contact élargi » – j'ai un ami qui a un ami appartenant à un exogroupe – aide à atténuer les idées préconçues, tout comme simplement imaginer une rencontre positive avec un membre d'un exogroupe.

THÉORIES LIÉES
Voir aussi
BIAIS DE CONFIRMATION
DE WASON
Page 60
PENSÉE DE GROUPE DE JANIS
Page 72
PRISON DE ZIMBARDO
Page 76
SUIVEZ LE LEADER
Page 84

BIOGRAPHIE EN 3 SECONDES
GORDON ALLPORT
1897-1967

TEXTE EN 30 SECONDES
Christian Jarrett

L'humanité que nous partageons dépasse toute différence superficielle entre races ou groupes divers. Le contact entre les groupes contribue à rendre cela manifeste.

PRISON DE ZIMBARDO

Théorie en 30 secondes

Un matin de 1971, en Californie (États-Unis), douze étudiants avaient été arrêtés par la police locale et conduits dans une fausse prison où ils avaient été enchaînés et revêtus de blouses descendant aux genoux. Ils prenaient part à une étude psychologique de la vie en prison. Douze autres étudiants parmi les soixante-quinze volontaires s'étaient vu attribuer le rôle de surveillants de prison. L'étude, l'« expérience de la prison de Stanford », devait durer deux semaines, mais avait été interrompue au bout de seulement six jours. Pour Philip Zimbardo, le psychologue qui dirigeait l'expérience, le traitement « dégradant » infligé aux prisonniers par les surveillants et à l'effroi de sa fiancée, Christina Maslach, jeune psychologue venue le visiter, avaient conduit à l'abandon de l'étude. Certains prisonniers étaient dans une détresse extrême et environ un tiers des surveillants s'étaient comportés en sadiques. Les profils de personnalité établis avant l'étude ne montraient aucune indication que les participants devenus des gardiens sadiques présentaient la moindre tendance à ce type de comportement – tous paraissaient émotionnellement stables et respectueux de la loi. L'étude de Zimbardo a mis en évidence la manière dont certaines situations et certains rôles sociaux peuvent dépouiller les gens de leur individualité, les poussant à des actes de sadisme ou de soumission.

BIOGRAPHIE EN 3 SECONDES
PHILIP ZIMBARDO
1933-

TEXTE EN 30 SECONDES
Christian Jarrett

Selon Zimbardo, c'est le mauvais troupeau, pas la mauvaise brebis, qui est la cause de beaucoup de traitements abusifs.

1933
Naît à New York

1954
Doctorat à l'université de Harvard

1960
Maître assistant à l'université de Yale

1961
Mariage avec Alexandra Menkin

1963
Maître assistant à Harvard

1963
Publication de *Behavioral study of Obedience*

1966
Professeur à la City University de New York (CUNY)

1974
Publication de *Soumission à l'autorité*

1975
Soumission à l'autorité reçoit le Prix national du livre

1980
Professeur émérite, CUNY

1984
Décède à New York

STANLEY MILGRAM

Peu d'expériences de psychologie ont captivé l'imagination du public autant que les tests d'obéissance menés par Stanley Milgram dans les années 1960. L'« expérience de Milgram » a été présentée dans des documentaires, films, chansons pop et a été à la base d'un reportage français de 2010, « Jusqu'où va la télé ». Pourtant, Milgram n'avait pas pensé faire carrière dans la psychologie, et son inscription à ce cours avait été initialement refusée.

Né dans le Bronx (New York, États-Unis) dans une famille juive qui avait quitté l'Allemagne avant l'arrivée au pouvoir de Hitler, Milgram avait fait ses études au Queens College, où la scolarité était gratuite. Il y avait obtenu sa licence en sciences politiques. Désirant poursuivre ses études à Harvard dans le domaine de la psychologie sociale, il avait essuyé un refus, car il n'avait suivi aucun cours de psychologie à Queens. Sans se laisser démonter, il avait passé l'été de 1954 à obtenir des UV de psychologie et avait fini par être accepté via Harvard's Office of Special Students.

La réussite est arrivée rapidement grâce à ses expériences sur l'obéissance, publiées d'abord sous le titre de « Behavioral Study of Obedience » dans le *Journal of Abnormal and Social Psychology* de 1963. Passablement frustrant, ce n'étaient pas juste les résultats des tests qui ont attiré presque immédiatement l'attention du monde entier, mais les techniques utilisées par Milgram pour les obtenir. Les critiques l'avaient accusé de soumettre les participants à ses études à un stress excessif. Sa candidature à l'American Psychological Association avait été retardée pendant qu'on enquêtait sur ses méthodes et, après avoir achevé sa licence, il s'était vu refuser une chaire à Harvard. Il avait donc accepté un poste de professeur à la City University de New York, où il a enseigné pendant le reste de sa vie.

Bien qu'il fût plus connu pour ses expériences d'obéissance, Milgram a aussi mené des expériences sur le « phénomène du petit monde » (ou « six degrés de séparation ») et les effets psychologiques des environnements urbains.

ÉTUDE DE L'OBÉISSANCE DE MILGRAM

Théorie en 30 secondes

Stanley Milgram voulait comprendre comment les gens ordinaires pouvaient faire montre d'une cruauté extrême. Il avait à l'esprit le terrible exemple de l'holocauste, où les citoyens ordinaires et les soldats avaient participé à la mise en œuvre des funestes plans nazis. Lors de ses expériences, les volontaires, participant à ce qu'ils tenaient pour une étude de la mémoire, devaient punir un partenaire qui oubliait des choses en lui administrant des chocs électriques. Aucun choc ne passait en fait, et le partenaire, un acteur, criait et protestait en recevant ce que le volontaire tenait pour des chocs de plus en plus intenses. Des personnes ordinaires administreraient-elles des chocs à un innocent au point de risquer de le tuer ? Lorsqu'un homme de science en blouse grise se tenait dans un coin de la pièce en disant aux volontaires : « L'expérience exige que vous continuiez », 65 % administraient ce qu'ils tenaient pour des chocs létaux. L'étude de Milgram associait une série de 18 expériences testant l'obéissance à une figure d'autorité. Il avait constaté que l'éloignement de la victime, les ordres répétés de l'autorité, la présence d'autres exécutants obéissants augmentaient la probabilité qu'une personne obtempère !

Administreriez-vous un choc électrique mortel à un innocent juste parce qu'une figure d'autorité vous a dit de le faire ? Les études suggèrent que la possibilité que vous le fassiez est forte.

MENACE DU STÉRÉOTYPE

Théorie en 30 secondes

Des amis s'affrontent au lancer de balle sur la plage. Quand une fille porte son bras en arrière pour lancer, une vétille lui vient à l'esprit : les garçons croient que les filles ne peuvent pas lancer. Bien entendu, c'est là une généralisation. La fille s'inquiète : si elle lance mal, cela confortera les suppositions sexistes des garçons. Malheureusement, son anxiété affaiblit sa performance – effet annoncé, auto-réalisé, la « menace du stéréotype ». Claude Steele et Joshua Aronson lui ont donné ce nom en 1995, après avoir constaté que les participants noirs obtenaient un score plus bas aux tests d'intelligence qui leur avaient été présentés comme des tests de capacité plutôt que des recherches sur la manière dont les gens résolvent généralement les problèmes. Par la suite, la « menace du stéréotype » a été étudiée par rapport à d'autres contextes sociaux, y compris le sexe et la maladie mentale. Par exemple, les femmes jouent plus mal aux échecs quand elles pensent affronter un homme, et les schizophrènes sont plus maladroits quand ils croient que leur maladie a été révélée à un partenaire social, même si ce n'est pas le cas.

PSYCHÉ EN 3 SECONDES
Craindre que nos mauvais résultats servent aux autres de preuve consolidant leurs préjugés peut susciter l'anxiété et induire effectivement ce genre de résultats.

ANALYSE EN 3 MINUTES
Le psychologue Geoff Cohen a testé un possible atténuateur de la menace du stéréotype. Il a demandé à des élèves noirs et blancs âgés de 12 ans de passer plusieurs fois par an dix minutes à écrire un texte à propos d'un sujet aimé – famille, musique – exercice connu pour atténuer le stress et la peur de l'échec. Deux ans plus tard, les élèves noirs, plus vulnérables à la menace du stéréotype, ont montré des meilleures notes que les élèves blancs et que le groupe formé d'élèves noirs et blancs qui écrivaient sur leur routine matinale.

THÉORIES LIÉES
Voir aussi
HYPOTHÈSE DE CONTACT D'ALLPORT
Page 74
SUIVEZ LE LEADER
Page 84
ERREUR FONDAMENTALE D'ATTRIBUTION
Page 94

BIOGRAPHIES EN 3 SECONDES
JOSHUA ARONSON
1961-
CLAUDE STEELE
1946-

TEXTE EN 30 SECONDES
Christian Jarrett

Si vous craignez que votre performance serve à renforcer les stéréotypes relatifs à votre sexe, âge ou race, la situation risque regrettablement de s'auto-réaliser.

SUIVEZ LE LEADER

Théorie en 30 secondes

PSYCHÉ EN 3 SECONDES
Les meilleurs leaders sont hardis et charismatiques, n'est-ce pas ? La théorie de l'identité sociale dit qu'au contraire, on tend à imiter les membres les plus prototypiques du groupe.

ANALYSE EN 3 MINUTES
Que fait s'identifier une personne à un groupe plutôt qu'à un autre ? Vous lisez ce livre : cela fait-il de vous un « lecteur », un « francophone », un « fan de la psychologie » ? La manière dont les groupes sont choisis est une énigme que les psychologues sociaux continuent à étudier. La théorie de l'identité sociale dit que vous pouvez vous identifier avec n'importe lequel. Vous pouvez cependant être motivé par beaucoup de facteurs, dont le respect de soi, la réduction de l'incertitude ou même tout simplement parce que ces groupes vous sont suggérés ici.

L'un des plus grands criminels de l'histoire, Adolf Hitler, avait été porté au pouvoir par une élection. Comment ? Une théorie clé repose sur l'expérience de prisonnier de guerre du psychologue social Henri Tajfel pendant la Seconde Guerre mondiale. Tajfel, juif, voulait expliquer comment un terrible événement tel que l'holocauste avait pu arriver – la plupart de ses parents et amis de Pologne avaient été tués, et il avait survécu seulement en cachant son identité. Des expériences menées dans les années 1970 avaient aidé Tajfel à réaliser que les individus montrent une remarquable allégeance à des groupes arbitraires pour des raisons apparemment insignifiantes – couleur des cheveux ou lieu de naissance, ou même appartenance à un groupe assigné de façon aléatoire par le chercheur. C'est la théorie de l'identité sociale. Le psychologue américain Michael Hogg a constaté dans les années 1990 que les membres du groupe ne choisissent pas pour leader le « meilleur » d'entre eux, mais l'individu le plus *moyen,* auquel la plupart peuvent s'identifier facilement. Une fois investis du pouvoir, les leaders deviennent par la force des choses différents de ceux qui les ont élus, si bien qu'ils doivent pousser les choses de plus en plus loin pour prouver qu'ils sont pareils au groupe. C'est peut-être pour cela que les slogans nationalistes – et même le racisme – sont souvent des stratégies politiques efficaces. En définissant leur groupe en termes exclusifs, les leaders peuvent consolider leur identité sociale et bâtir leur pouvoir.

THÉORIES LIÉES
Voir aussi
PRISON DE ZIMBARDO
Page 76
ÉTUDE DE L'OBÉISSANCE DE MILGRAM
Page 80
MENACE DU STÉRÉOTYPE
Page 82

BIOGRAPHIES EN 3 SECONDES
MICHAEL HOGG
1950-
HENRI TAJFEL
1919-1982

TEXTE EN 30 SECONDES
Dave Munger

En ayant la même apparence et le même look que vos partisans, vous deviendrez un leader plus populaire, entretenant le sentiment que vous êtes l'un d'entre eux.

NOUS SOMMES TOUS DIFFÉRENTS

biais cognitif Tendance des gens à porter de faux jugements en partant des suppositions erronées. Il existe plusieurs formes de biais, dont le biais à la projection (supposer que les gens pensent de la même manière que vous) et le biais de confirmation (ignorer l'information qui ne cadre pas avec vos convictions). Son objectif est d'aider le cerveau à traiter rapidement l'information, mais il met en doute la fiabilité des preuves anecdotiques et personnelles.

construct dialectique Conviction à laquelle on arrive en considérant les deux camps d'un débat. La dialectique est le processus qui oppose une idée (thèse) à son contraire (antithèse) et développe une nouvelle idée combinant les deux.

épigénétique Étude de la manière dont les cellules peuvent changer leur apparence et leur comportement, tout en gardant le même ADN. On pense que les facteurs environnementaux déclenchent un changement du comportement du gène, sans imposer un changement de son ADN.

extraversion Un des cinq grands traits de personnalité de Cattell. L'extraversion est associée à une grande motivation face à une récompense potentielle. Les personnes extraverties tendent à être ouvertes et aiment la compagnie des autres. Elles regardent vers le monde extérieur pour la stimulation, au lieu de regarder en elles-mêmes. Tout le monde possède, à des degrés divers, des caractéristiques de ces cinq traits de personnalité.

idiographique Relatif à des événements ou des faits spécifiques plutôt qu'à des généralités. En psychologie, cela veut dire se focaliser sur l'aspect psychologique de l'individu au lieu de se concentrer sur les théories générales du comportement.

inné Partie essentielle, existant probablement depuis la naissance. Du latin *innatus*, « naissance dans ».

narcissique La tendance à être excessivement préoccupé par soi-même et incapable de penser à autrui.

névrosisme L'un des cinq grands traits de personnalité de Cattell. Le névrosisme est associé à une plus forte réaction aux situations adverses – un effort de gérer le stress quotidien. Dans les cas extrêmes, peut conduire à la dépression et à l'anxiété. Tout le monde possède, à des degrés divers, des caractéristiques de ces cinq traits de personnalité.

neurotransmetteur Substance chimique agissant comme messager entre les neurones et permettant aux impulsions de passer d'une cellule à une autre. Les neurotransmetteurs peuvent soit exciter, soit inhiber les cellules adjacentes.

test de personnalité Test, généralement composé d'une série de questions ou de tâches conçues pour évaluer les divers aspects de la personnalité du sujet. Plusieurs types de tests existent, la plupart notés soit par une quantification dimensionnelle, où les résultats sont mesurés sur une échelle, soit par une quantification typologique, où les résultats sont comparés à des catégories ou des « types » prédéterminés.

test de QI Mesure du quotient d'intelligence. Le test initial a été conçu en France par Alfred Binet au début des années 1900, puis amélioré par le psychologue américain Lewis Terman en 1916. Il teste la mémoire, l'attention et les capacités à résoudre des problèmes grâce à une série de questions. Pour calculer le QI, l'âge mental du sujet était divisé par son âge chronologique et multiplié par 100. Ainsi, un enfant de 10 ans qui avait un âge mental de 12 obtenait le score 12 / 10 x 100 = 120. Le test de QI moderne est standardisé, l'intelligence moyenne théorique étant fixée à 100.

théorie du construct personnel Théorie développée par le psychologue américain George Kelly dans les années 1950, selon laquelle la personnalité d'un individu est formée par sa compréhension du monde qui l'entoure. En mettant à l'épreuve les différentes théories pour voir si elles fonctionnent, nous éditions une série de « constructs » qui définissent notre compréhension du monde et génèrent des aspects de notre personnalité. Kelly avait conçu le test de la « grille répertoire » où on montre aux patients trois cartes choisies d'une série de vingt-et-une en leur demandant de prendre celle qui est différente, puis les résultats sont mesurés sur une grille pour déterminer leurs constructs personnels.

thérapie cognitive béhavioriste Approche thérapeutique se concentrant sur la manière dont un patient pense aux problèmes et les gère. La thérapie cognitive béhavioriste repose sur le principe que les tendances autodestructrices et les modèles comportementaux montrés par les individus se perpétuent d'eux-mêmes et s'amplifient au lieu de régler les problèmes. On apprend aux patients à noter leur réaction aux difficultés afin de reconnaître ces modèles négatifs et on leur propose des stratégies positives pour gérer les problèmes.

EFFET DE LAKE WOBEGON

Théorie en 30 secondes

« Miroir, miroir, qui est la plus belle ? » – demande éternellement la méchante reine narcissique, belle-mère de Blanche-Neige. D'innombrables études psychologiques montrent que dans la vie réelle la plupart des gens renferment un soupçon de la vanité de cette reine. En passant par une large gamme de facteurs, depuis la beauté et la popularité à la capacité de conduire et à la mémoire, la personne typique se considère comme supérieure à la plupart des autres. Le phénomène est aussi présent dans le contexte de professions spécifiques. Les traders, même s'ils connaissent la performance assez lamentable du trader moyen, continuent à se fier à leurs capacités d'anticipation. Notre confiance collective mal placée est censée expliquer nombre de comportements apparemment irrationnels comme le tabagisme (« La cigarette tue les autres, pas moi ») et la nonchalance – pensez juste au nombre de projets prenant du retard et dépassant leur budget. La supériorité illusoire, pour lui donner un nom plus protocolaire, a été surnommée l'effet de Lake Wobegon d'après la petite ville inventée par l'écrivain américain Garrison Keillor, où « toutes les femmes sont fortes, tous les hommes ont belle apparence et tous les enfants sont au-dessus de la moyenne ».

PSYCHÉ EN 3 SECONDES
En raison d'une foule d'aptitudes et de qualités, la majorité des gens se tiennent pour meilleurs que la plupart.

ANALYSE EN 3 MINUTES
L'effet de Lake Wobegon a un jumeau négatif, l'effet de la compétence « pire que la moyenne ». C'est la conviction faussée quant à notre incapacité à réussir des exploits très inhabituels ou difficiles, comme jongler ou faire du monocycle. La plupart des gens se croient pires que la moyenne à de tels exercices, sans doute parce qu'ils n'admettent pas jusqu'à quel point les autres se battent eux aussi pour réussir.

THÉORIES LIÉES
Voir aussi
BIAIS DE CONFIRMATION DE WASON
Page 60
ERREUR FONDAMENTALE D'ATTRIBUTION
Page 94

BIOGRAPHIE EN 3 SECONDES
GARRISON KEILLOR
1942-

TEXTE EN 30 SECONDES
Christian Jarrett

Vous n'êtes peut-être pas aussi beau que vous le croyez, mais avez-vous jamais essayé de jongler ? Vous pourriez être surpris par votre talent.

LES CINQ GRANDS

Théorie en 30 secondes

Les diverses permutations de la personnalité sont incarnées par les « cinq grands », les cinq facteurs principaux.

ANALYSE EN 3 MINUTES
Les cinq grands facteurs sont des aspects de la personnalité présents chez tous les gens. Certains psychologues ont choisi une approche différente (« idiographique »), documentent le caractère unique de chaque individu. Le plus connu d'entre eux est George Kelly et sa théorie du construct personnel. Kelly préconisait que chacun voit le monde dans le contexte d'une série unique de constructs dialectiques (par exemple, les gens sont gentils ou non). En découvrant ces constructs, nous apprenons comment une personne voit le monde.

Nous ne pouvons pas nous empêcher de nous faire une idée de la personnalité d'autrui. Nous concluons vite que les autres sont amicaux, calmes, excentriques, etc. Combien d'aspects la personnalité a-t-elle ? Les Grecs antiques classaient les gens en quatre types – colérique, flegmatique, sanguin et mélancolique. Au milieu du XXe siècle, le psychologue britannique Raymond Cattell a conçu un test de personnalité reposant sur seize facteurs élémentaires, dont la prédisposition à la culpabilité et la perspicacité. La psychologie contemporaine avance maintenant l'existence de cinq facteurs principaux de personnalité, les Cinq grands – extraversion, névrosisme (associé à l'anxiété et à l'appréhension), conscience, amabilité et largeur d'esprit (associée à la créativité et à l'intuition). Chaque facteur représente des aspects de personnalité qui tendent toujours à être associés. Par exemple, les personnes sociables tendent aussi à être bavardes et affirmées, comme si ces trois traits étaient des manifestations du même facteur sous-jacent, dans ce cas l'extraversion. Les cinq grands facteurs sont permanents, comme le poids ou la force. La question n'est pas de savoir que nous sommes ou non névrotiques, mais que nous présentons tous un certain degré de névrosisme. Cela est valable également pour les autres facteurs.

THÉORIES LIÉES
Voir aussi
ORDRE DE NAISSANCE
Page 36
ERREUR FONDAMENTALE D'ATTRIBUTION
Page 94
L'INNÉ ET L'ACQUIS
Page 98
DÉTERMINISME NOMINATIF
Page 104

BIOGRAPHIES EN 3 SECONDES
RAYMOND CATTELL
1905-1998

GEORGE KELLY
1905-1967

TEXTE EN 30 SECONDES
Christian Jarrett

Si l'aspect névrotique de votre personnalité est fort, vous devriez vous inquiéter du risque de renversement de ces cubes instables.

ERREUR FONDAMENTALE D'ATTRIBUTION

Théorie en 30 secondes

L'attribution est le processus

psychologique inférant les causes des choses. L'erreur fondamentale d'attribution est la tendance à inférer que le comportement d'une personne traduit sa disposition intrinsèque, sans tenir compte des circonstances contraignantes. L'expression a été conçue par le psychologue Lee Ross pour décrire les résultats d'une expérience montrant que les personnes qui lisaient un discours sur un sujet controversé étaient ensuite tenues pour avoir ces opinions. Même ceux sachant que la personne ne faisait que lire le discours à la demande de l'expérimentateur réagissaient pareil ! L'envers de l'erreur fondamentale d'attribution est que nous tendons à l'excès à attribuer notre propre comportement à des circonstances extérieures plutôt qu'à des traits de personnalité. « Je suis en retard parce que le réveil n'a pas sonné, mais vous êtes en retard parce que vous êtes insouciant ! » ou « Vos opinions sont partiales, les miennes sont bien fondées. » L'erreur fondamentale d'attribution est un biais cognitif classique, présent dans de nombreuses situations. Les gens négligent souvent l'effet de ce biais sur leur réflexion, pour la même raison qui le fait naître en premier lieu : nous connaissons nos moyens et nos intentions nous semblent irrésistibles. Par contre, comme nous ne connaissons pas les intentions et les moyens des autres, nous les jugeons d'après leurs comportements manifestes.

PSYCHÉ EN 3 SECONDES
Il est facile de penser que notre comportement est causé par les événements, alors que le comportement des autres l'est par leur personnalité.

ANALYSE EN 3 MINUTES
L'attribution fondamentale agit dans bien des situations distinctes à des degrés différents. Les études des cultures individualistes par rapport aux cultures collectivistes (par exemple, États-Unis par rapport à la Chine) suggèrent que le biais est plus notable dans les premières, où les gens ont un sentiment plus fort de leur indépendance. Les individus inquiets sont plus enclins à attribuer les événements négatifs à leurs défauts plutôt qu'aux circonstances. Les thérapeutes béhavioristes cognitifs se concentrent sur ces attributions, tentant de changer le « style interprétatif » sur lequel on pense le monde.

THÉORIE LIÉE
Voir aussi
THÉRAPIE COGNITIVE DE BECK
Page 124

BIOGRAPHIES EN 3 SECONDES
EDWARD E. JONES
1927-1993

RICHARD NISBETT
1941-

LEE ROSS
1942-

TEXTE EN 30 SECONDES
Tom Stafford

Si une personne est en retard à un rendez-vous, attribuez-vous immédiatement ce fait à un manque de ponctualité ? L'erreur fondamentale d'attribution suggère que les gens tendent à blâmer d'abord le comportement des autres, sans tenir compte des circonstances atténuantes.

1916
Naît à Berlin

1934
Installation à Dijon, puis
à Londres

1938
Mariage avec Margaret
Davies

1942
Psychologue au Mill Hill
Hospital

1946
Psychologue au Maudsley
Hospital

1950
Mariage avec Sybil Rostal

1955
Professeur de
psychologie à l'Institut
de psychiatrie de
l'université de Londres

1971
Publication de *Race,
Intelligence and
Education*

1983
Départ à la retraite

1990
Publication de son
autobiographie, *Rebel
With A Cause*

1997
Décède à Londres

HANS EYSENCK

Votre QI est génétique et dépend
du groupe racial auquel vous appartenez. La position des étoiles dans le ciel à votre naissance affecte votre personnalité pour le reste de votre vie. Le tabagisme ne cause pas le cancer des poumons. Voilà quelques-unes des convictions les plus controversées dont le psychologue Hans Eysenck s'était fait l'avocat durant sa vie consacrée à mettre au défi l'establishment scientifique.

Sur certains points, le reste du monde a fini par le rattraper. Par exemple, son affirmation que la démarche de Freud n'avait pas de valeur scientifique et que la psychanalyse n'aidait pas à traiter la névrose avait fait scandale quand il l'avait mise sur le tapis dans les années 1950, mais s'est acquis depuis un large soutien. Il a été aussi l'un des premiers à affirmer que le sexe et la violence à la télévision avaient un effet néfaste sur les spectateurs, idée tournée en ridicule dans les années 1970, mais qui jouit maintenant de l'accord de beaucoup d'analystes. Qu'en est-il de son idée que la politique ne divise pas simplement en gauche et droite, en radicalisme et conservatisme, mais en « rigidité » et « flexibilité » ? Selon sa théorie, les fascistes, les communistes, les hommes et la classe ouvrière tendent à se monter « rigides », tandis que les libéraux, les femmes et la classe moyenne sont plus « flexibles ». En plus de cela, la position d'une personne sur l'échelle de rigidité/flexibilité est déterminée à 50 % par ses gènes.

Peu surprenant, les vues extrêmes d'Eysenck ont suscité des réactions vives. Il a été décrit comme « le psychologue que les gens aiment le plus détester » et a été agressé lors d'une conférence. Toutefois, on doit se souvenir aussi d'Eysenck pour son modèle de personnalité à trois facteurs, qui a passé en majeure partie l'épreuve du temps, et a été le précurseur du modèle actuellement largement accepté des « Cinq grands ». Sa personnalité très en vue a été accompagnée par une œuvre prodigieuse, dont quatre-vingts livres. À l'époque de son décès, il était le psychologue le plus cité de sa génération. « Le tact et la diplomatie sont parfaits dans les relations internationales politiques, peut-être même dans les affaires, mais dans la science une seule chose compte, les faits. »

L'INNÉ ET L'ACQUIS

Théorie en 30 secondes

Sommes-nous nés avec une gamme figée de caractéristiques et de dispositions, ou ressemblons-nous davantage à une motte d'argile, que les mains de la vie façonnent ? Bien entendu, il s'agit là du débat classique inné/acquis qui, en termes scientifiques modernes, est devenu une question de la contribution relative des gènes/environnement. On admet aujourd'hui que les hommes sont formés tant par leurs expériences de vie que par leur héritage génétique, souvent de manière interactive. Un excellent exemple de la manière dont les gènes et l'environnement se combinent en produisant un résultat donné a été fourni par une étude menée sur des milliers de personnes en Nouvelle-Zélande pendant une décennie. Durant cette étude, on a analysé la présence d'une variante moins active d'un certain gène, MAOA (impliqué indirectement dans la sécrétion des neurotransmetteurs tels que la sérotonine contrôlant l'humeur et l'agressivité). Chez les personnes élevées normalement, la présence du gène MAOA moins actif ne change rien à la probabilité d'une personnalité agressive à l'âge adulte. Toutefois, cette même présence chez des personnes soumises à de mauvais traitements dans leur enfance rend celles-ci particulièrement enclines à développer une personnalité antisociale. Ce n'est pas là l'inné par opposition à l'acquis, c'est l'inné via l'acquis.

PSYCHÉ EN 3 SECONDES
Ce n'est pas l'inné ou l'acquis qui façonnent la personne qu'on devient, ce sont les deux, interagissant et s'influençant l'un l'autre.

ANALYSE EN 3 MINUTES
La bio-science de pointe commence à se pencher sur la façon dont certaines expériences peuvent modifier le fonctionnement des gènes, sans changer l'ADN même (séquence de gènes unique à un individu), démonstration plus avancée de la manière dont interagissent l'inné et l'acquis. Par exemple, l'épigénétique a démontré que les rats élevés par une mère attentive résistent mieux au stress parce que les soins supplémentaires changent le fonctionnement des gènes impliqués dans la communication intercellulaire cérébrale.

THÉORIES LIÉES
Voir aussi
PSYCHOLOGIE ÉVOLUTIONNIST[E]
Page 24
LES CINQ GRANDS
Page 92
ERREUR FONDAMENTALE
D'ATTRIBUTION
Page 94

BIOGRAPHIE EN 3 SECONDES
ROBERT PLOMIN
1948-

TEXTE EN 30 SECONDES
Christian Jarrett

Mary espérait que sa fille Susan devienne aviatrice. Jouer avec des avions pourrait aider, mais les choix professionnels de Susan dépendront aussi de ses gènes.

EFFET FLYNN

Théorie en 30 secondes

Les résultats moyens aux tests d'intelligence se sont améliorés tout au long du xxᵉ siècle.

ANALYSE EN 3 MINUTES
Les données de la fin du xxᵉ siècle suggèrent que l'effet Flynn s'est arrêté dans quelques pays développés et a même commencé à s'inverser. Une étude menée en 2008 par Thomas Teasdale et David Owen sur les appelés de l'armée danoise a constaté que ceux qui avaient passé des tests d'intelligence en 2003 ou 2004 présentaient des scores bien plus bas que ceux testés en 1998. La cause de cette situation reste inconnue.

Les hommes deviennent plus

intelligents. Du moins, on a cette impression en comparant les résultats moyens aux tests d'intelligence actuels et les scores moyens obtenus par les générations précédentes durant le xxᵉ siècle. Le phénomène a été baptisé « l'effet Flynn », d'après le professeur d'études politiques James R. Flynn de Nouvelle-Zélande, le premier à l'avoir remarqué. Le même modèle a été découvert pour les quelque trente pays disposant des données historiques pertinentes. À quel point l'intelligence s'est-elle accrue ? Selon Flynn, si nous attribuons un QI de 100 aux résultats moyens des adultes américains contemporains, un adulte américain d'intelligence moyenne de 1900 n'obtiendrait selon les normes actuelles qu'un score de 50 à 70. Ce score est obtenu de nos jours par des personnes présentant des difficultés d'apprentissage ! Bien entendu, les gens du début du xxᵉ siècle n'étaient pas bêtes. Des recherches plus poussées montrent que nous nous sommes améliorés uniquement sur certaines échelles – surtout celles exploitant la capacité de classer par catégories les concepts et de reconnaître les règles abstraites. Pour Flynn, c'est l'omniprésence accrue de l'éducation scientifique et des technologies visuelles qui ont stimulé nos résultats dans ces domaines spécifiques.

THÉORIES LIÉES
Voir aussi
NEUROPLASTICITÉ
Page 44
L'INNÉ ET L'ACQUIS
Page 98

**BIOGRAPHIE
EN 3 SECONDES**
JAMES FLYNN
1934-

TEXTE EN 30 SECONDES
Christian Jarrett

Il y a des chances que votre QI soit bien plus élevé que celui de vos grands-parents. Cela signifie-t-il vraiment que vous êtes plus malin ou juste que vous passez mieux les tests ?

RÈGLE DES 10 000 HEURES D'ERICSSON

Théorie en 30 secondes

Il est tentant de regarder les personnes ayant accompli des prouesses extraordinaires – les athlètes olympiques, les musiciens de renom – et conclure qu'ils ont dû naître avec un don unique. Toutefois, selon les études du psychologue Anders Ericsson, le chemin de l'expertise est ouvert à tous ceux prêts à faire les efforts requis. Combien ? Les études menées sur les musiciens, les athlètes et les joueurs d'échecs de niveau international évoquent un minimum de 10 000 heures de pratique sur une période de plus de dix ans. Qui plus est, n'importe quel type de pratique ne convient pas. Pour Ericsson, ce doit être la « pratique intentionnelle », où on ne répète pas juste ce qu'on sait, mais on cherche à se perfectionner en permanence. Cela implique inéluctablement une autocritique aiguë, des échecs répétés et la ténacité nécessaire pour se remettre en selle et recommencer – processus pas spécialement agréable et tout à fait distinct de la pratique posée. Bien que le point de vue d'Ericsson s'oppose à cette idée de dons innés, son concept de pratique intentionnelle exige, bien entendu, un rare mélange de motivation, de santé et d'occasions.

PSYCHÉ EN 3 SECONDES
La grandeur n'est pas innée, elle vient de l'énorme durée de temps passé sur une pratique obsessionnelle et critique envers soi-même.

ANALYSE EN 3 MINUTES
En plus de la pratique constante, d'autres facteurs situationnels facilitent apparemment la voie vers la grandeur : être né en janvier (présentant l'avantage d'être plus âgé que ses camarades de classe et de sports), être né dans une ville de moins de 500 000 habitants – offrant à ce qu'il paraît l'occasion d'exercer plusieurs activités différentes, qui édifient des compétences génériques comme l'autodiscipline et la coordination.

THÉORIES LIÉES
Voir aussi
ERREUR FONDAMENTALE D'ATTRIBUTION
Page 94
L'INNÉ ET L'ACQUIS
Page 98

BIOGRAPHIE EN 3 SECONDES
ANDERS ERICSSON
1947-

TEXTE EN 30 SECONDES
Christian Jarrett

La biographie des génies musicaux comme Mozart et Michael Jackson révèle presque toujours qu'ils ont entamé une pratique ardue dès leur jeune âge.

DÉTERMINISME NOMINATIF

Théorie en 30 secondes

Un urologue de mon hôpital local

s'appelle Waterfall [Cascade]. Une experte en soins palliatifs de l'université de Lancaster s'appelle Sheila Payne [Douleur], un expert en psychologie évolutionniste de la sexualité de l'université du Nouveau-Mexique s'appelle Randy Thornhill [Épine]. L'idée que le destin de ces individus a été façonné par leur nom est le « déterminisme nominatif ». En fait, il y a peu de preuves que la signification d'un nom influence effectivement les choix professionnels – pensez à tous les gens dont le nom ne s'accorde pas à leur profession. Toutefois, le nom peut affecter la vie d'autres manières. Par exemple, les personnes dont le nom de famille commence par l'une des premières lettres de l'alphabet tendent à en tirer certains bénéfices, comme se voir accorder plus de temps lors des consultations médicales. Dans les publications scientifiques citant le nom des auteurs d'articles par ordre alphabétique, les personnes en tête de liste bénéficiant de l'avantage alphabétique ont – semble-t-il – une meilleure carrière. N'oublions pas que les noms révélant l'origine ethnique influencent dans une certaine mesure aussi le postulant choisi pour un emploi.

PSYCHÉ EN 3 SECONDES
Nos noms et nos initiales peuvent affecter notre vie de manière étonnante.

ANALYSE EN 3 MINUTES
Notre nom, via les initiales, peut également influencer notre vie. Nicholas Christenfeld de l'université de Californie (San Diego, États-Unis) a analysé des milliers d'actes de décès et constaté que les hommes aux initiales positives (A, C, E) vivaient en moyenne quatre ans de plus que ceux aux initiales neutres, tandis que les hommes aux initiales négatives (D, I, E) vivaient en moyenne deux ans de moins que ceux aux initiales neutres.

BIOGRAPHIE EN 3 SECONDES
NICHOLAS CHRISTENFELD
1963-

TEXTE EN 30 SECONDES
Christian Jarrett

Si votre nom de famille commence par un T, essayez de ne pas donner à votre enfant des prénoms débutant par R et O.

TROUBLES MENTAUX

TROUBLES MENTAUX
GLOSSAIRE

autisme État affectant à divers degrés le comportement social, le développement du langage et l'apprentissage. Les principaux symptômes sont l'incapacité à se lier aux autres et à interagir avec eux et l'intérêt obsessionnel pour un sujet, au point que l'enfant peut devenir un génie dans ce domaine. L'utilisation du langage est restreinte et l'enfant répète parfois sans fin des mots ou des phrases.

corps calleux Masse de fibres nerveuses connectant les hémisphères cérébraux et leur permettant de partager des informations.

dissociation Processus généralement inconscient qui compartimente certaines pensées ou fonctions afin de les isoler des activités normales du cerveau. La dissociation permet de gérer les pensées ou les émotions traumatisantes, les dépouillant de leur signification émotionnelle.

dopamine Substance chimique sécrétée naturellement dans plusieurs zones du cerveau. En plus d'aider les fonctions motrices et la concentration, elle favorise les sensations d'euphorie et de joie.

épilepsie Trouble neurologique chronique caractérisé par des épisodes récurrents de convulsions, parfois accompagnées de perte de conscience en raison de la perturbation des impulsions électriques dans certaines parties du cerveau.

hémisphère Une moitié du cerveau. L'hémisphère gauche est associé au langage et aux dons mathématiques, le droit, à la conscience spatiale et à la sensibilité artistique.

mécanisme de défense Processus d'habitude inconscient servant à se protéger soi-même des pensées ou des sentiments douloureux. Du côté positif, cela permet aux gens de fonctionner en société sans succomber à leurs émotions. Du côté négatif, les problèmes difficiles ne sont pas résolus et sont exprimés d'autres manières, parfois plus destructrices. Les mécanismes de défense typiques incluent la dénégation, le refoulement, la projection et la rationalisation.

neurologie Domaine de la médecine spécialisée dans l'étude du système nerveux, y compris du cerveau. Parmi ses sujets : l'état physique du cerveau, les fonctions physiques affectées par le cerveau telles que l'équilibre, et les capacités cognitives telles que la mémoire et la parole.

phobie Peur irrationnelle et obsessionnelle d'un objet, d'une personne ou d'une situation : araignées, abeilles, oiseaux, eau, étrangers, hommes, femmes, sexualité, etc.

psychologie positive Branche récente de la psychologie ayant pour objectif la promotion du bonheur et du bien-être dans la vie normale, au lieu de se concentrer uniquement sur la maladie mentale. Lancée par le psychologue américain Martin Seligman, la psychologie positive cherche à encourager les forces essentielles des patients et leur capacité d'autodétermination.

psychogène Maladie qui a ses origines dans le mental plutôt que dans le corps. Les maladies psychogènes peuvent être la conséquence des pensées ou des sentiments inacceptables refoulés par l'inconscient et exprimés physiquement dans le corps.

psychologue Personne qui pratique la psychologie, l'étude de la manière dont fonctionne le mental et dont les troubles mentaux sont exprimés par un comportement anormal. Le traitement s'appuie généralement sur la thérapie.

psychose Symptôme de maladie mentale incluant hallucinations, illusions et vision déformée de la réalité. La psychose est un symptôme de la schizophrénie, ainsi que de plusieurs autres troubles mentaux. Elle peut être suscitée par des facteurs biologiques, sociaux ou une combinaison des deux.

psychothérapeute Terme générique désignant toute personne pratiquant le traitement des troubles mentaux à l'aide de la thérapie – y compris les psychiatres, les psychologues et les infirmiers psychiatriques. Il y a plus de 250 types différents de psychothérapie.

refoulement Mécanisme de défense identifié par Freud, qui bloque les pulsions inacceptables et les relègue dans l'inconscient. Freud souligne que les idées consciemment écartées perdent leur énergie, tandis que celles refoulées la gardent en restant dormantes dans l'inconscient.

schizophrénie Trouble psychologique censé être provoqué par un déséquilibre chimique dans le cerveau. Typiquement, cet état est marqué par une vision déformée de la réalité, l'incapacité de fonctionner socialement, le retrait de la société, les hallucinations auditives, les illusions de grandeur.

syndrome d'Asperger Forme légère d'autisme. Les symptômes typiques sont la maladresse physique et la gaucherie sociale. Le développement émotionnel est retardé, et l'enfant développe parfois un intérêt obsessionnel pour un sujet (par exemple, les trains) à l'exclusion de tout le reste.

CERVEAU DÉDOUBLÉ DE SPERRY

Théorie en 30 secondes

Les deux hémisphères cérébraux

sont connectés et coordonnés à travers un faisceau de fibres, le corps calleux. Dans les années 1960, le neurologue Roger Sperry avait découvert que lorsque ce faisceau est interrompu, le cerveau humain continue à fonctionner, chaque hémisphère étant dans une certaine mesure conscient indépendamment. Sperry avait étudié des patients souffrant d'une épilepsie apparemment intraitable, dont le corps calleux avait été sectionné lors d'une intervention chirurgicale censée empêcher les crises. Bien des années auparavant, les neurologues examinant des patients dont le cerveau avait été endommagé avaient découvert que certaines fonctions, telles que le langage, dépendaient davantage de l'hémisphère gauche, alors que les capacités visuelles dépendaient davantage du droit. Sperry avait réalisé que ces patients au « cerveau sectionné » pouvaient contribuer à l'étude détaillée de ces différences. Il avait découvert, par exemple, qu'un mot présenté à l'hémisphère gauche spécialisé dans le langage était lu et compris normalement, alors qu'un mot présenté à l'hémisphère droit, où les fonctions de langage sont minimales, n'était pas reconnu. Lorsqu'on lui a demandé de dessiner ce que décrivait ce mot-là, le patient a pu réaliser des dessins à partir des mots présentés à l'hémisphère droit spécialisé dans les arrangements visuels, mais pas des mots présentés au gauche.

PSYCHÉ EN 3 SECONDES
Lorsque les hémisphères cérébraux sont séparés par une opération chirurgicale, la conscience peut être divisée de manière subtile et curieuse.

ANALYSE EN 3 MINUTES
La culture populaire s'est laissé emporter par les découvertes de Sperry et on entend souvent l'opinion erronée que le côté droit du cerveau est « créatif » alors que le côté gauche est « logique ». Ce sont là des tendances générales, pas absolues. C'est comme si on suggérait que la population d'un pays est « émotive » et celle d'un autre a « l'esprit pratique ». Le travail de Sperry a démontré que le cerveau est un réseau complexe et que pour utiliser pleinement son potentiel, nos capacités se basent sur la coordination de ses deux hémisphères.

THÉORIES LIÉES
Voir aussi
CONSCIENCE
Page 150

**BIOGRAPHIE
EN 3 SECONDES**
ROGER SPERRY
1913-1994

TEXTE EN 30 SECONDES
Vaughan Bell

La prochaine fois que vous hésitez à propos d'une chose, pensez aux épileptiques dont le corps calleux est interrompu, séparant littéralement leur mental en deux.

APPRENTISSAGE ACQUIS DE SELIGMAN

Théorie en 30 secondes

PSYCHÉ EN 3 SECONDES
Nous avons été façonnés par l'évolution pour craindre choses et situations – comme les serpents et les hauteurs – qui pour nos lointains ancêtres étaient un danger.

ANALYSE EN 3 MINUTES
Tandis que la notion que certaines peurs sont plus facilement apprises que d'autres est généralement admise, l'affirmation que ce fait est un pur résultat de l'évolution a été plus difficile à prouver. Comme les phobies n'apparaissent pas généralement avant l'adolescence ou l'âge adulte, il est possible que nous soyons plus susceptibles de craindre certaines choses davantage en raison des convictions culturelles formées en observant les réactions des autres et en suivant les mises en garde des parents, que de par l'effet de l'évolution.

On rencontre davantage la phobie des serpents et des araignées que la peur maladive de la circulation et des prises électriques, malgré le fait que les voitures et les électrocutions tuent plus de gens. La théorie de l'apprentissage acquis du psychologue Martin Seligman suggère que la raison est le développement d'une crainte « prête » – sensible à certaines situations de par l'effet de l'évolution. Dans le monde moderne, les accidents de circulation et les accidents électriques tuent beaucoup, mais pour la majeure partie de l'histoire des primates (nos ancêtres), des dangers tels que les serpents et les araignées étaient bien plus concrets. Selon cette théorie, les primates qui apprenaient le plus facilement à craindre les dangers étaient les plus susceptibles de survivre et de transmettre leurs gènes – autrement dit, nous avons développé avec le temps un système génétique d'acquisition de la peur, adapté à certains dangers et pas à d'autres. Seligman a conçu sa théorie en 1970, mais des années d'expériences ultérieures ont confirmé son idée, les preuves suggérant que cette sensibilité peut être détectée même chez les singes et les bébés, ce qui démontre son caractère inné. La théorie a elle aussi évolué, ses variantes les plus récentes suggérant que l'évolution nous a donné une « détresse acquise » spécifique agissant rapidement, automatiquement et disposant de circuits cérébraux dédiés.

THÉORIES LIÉES
Voir aussi
BÉHAVIORISME DE WATSON
Page 16
PSYCHOLOGIE ÉVOLUTIONNISTE
Page 24
CHIENS DE PAVLOV
Page 134

BIOGRAPHIE EN 3 SECONDES
MARTIN E. P. SELIGMAN
1942-

TEXTE EN 30 SECONDES
Vaughan Bell

Une dose saine d'arachnophobie a probablement sauvé vos ancêtres, permettant la transmission de ce trait jusqu'à vous.

HYSTÉRIE DE CHARCOT

Théorie en 30 secondes

PSYCHÉ EN 3 SECONDES

Les symptômes physiques frappants, comme la cécité et la paralysie, peuvent être suscités par l'inconscient bloquant l'accès aux fonctions cérébrales essentielles.

ANALYSE EN 3 MINUTES

Les neurosciences modernes suggèrent que les symptômes « hystériques » (appelés à présent « psychogènes ») peuvent être causés par les lobes frontaux entravant d'autres fonctions cérébrales. La raison de ce processus n'est pas encore claire, mais les patients présentant ces symptômes montrent souvent d'autres difficultés émotionnelles. Cela suggère que les symptômes psychogènes n'agissent pas comme un « mécanisme de défense » efficace tel que le propose Freud, mais qu'ils peuvent être déclenchés par l'émotion d'autres manières.

Le neurologue français Jean-Martin Charcot avait découvert que certains patients qui montraient apparemment des troubles neurologiques – paralysie, cécité, épilepsie – ne présentaient en fait aucun dommage cérébral ou nerveux pouvant expliquer leurs problèmes. Bien que les patients n'aient pas de contrôle conscient sur leurs symptômes, certains étaient temporairement « guéris » par l'hypnose, conduisant Charcot à penser que l'inconscient bloquait l'accès aux autres fonctions du cerveau. Idée révolutionnaire, elle faisait entrer l'inconscient dans le domaine dominant de la pensée médicale. Pendant pratiquement deux mille ans, on avait affirmé que l'hystérie était un trouble féminin – pour les Grecs antiques, elle était causée par la « migration de l'utérus ». Deux des étudiants de Charcot avaient élargi son concept : Pierre Janet avait suggéré que le mental pouvait « dissocier » ou compartimenter ses diverses fonctions, Sigmund Freud, que les souvenirs traumatisants étaient transformés en symptômes physiques afin d'être refoulés du mental conscient. Bien qu'il y ait encore relativement peu de preuves de la responsabilité du refoulement freudien, l'idée que les symptômes médicaux aussi graves que la cécité et la paralysie peuvent être causés par l'inconscient est maintenant largement acceptée.

THÉORIE LIÉE

Voir aussi
PSYCHANALYSE
Page 18

BIOGRAPHIES EN 3 SECONDES
JEAN-MARTIN CHARCOT
1825-1893

SIGMUND FREUD
1856-1939

PIERRE JANET
1859-1947

TEXTE EN 30 SECONDES
Vaughan Bell

Dire que la maladie d'une personne est « entièrement dans sa tête » ne signifie pas qu'elle l'invente. Elle peut souffrir d'une forme d'hystérie.

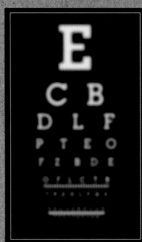
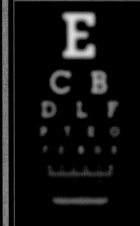

ENDROIT MALSAIN DE ROSENHAN

Théorie en 30 secondes

Au début des années 1970, David

Rosenhan pensait que les définitions médicales de la maladie mentale manquaient de clarté et étaient sujettes aux interprétations de chaque médecin. Il avait testé la manière dont les psychiatres distinguaient les personnes « saines » et « aliénées » en envoyant huit amis aux urgences, chacun prétendant avoir des hallucinations auditives. Diagnostiqués schizophrènes, tous avaient été internés. Dès leur admission, ils ont recommencé à agir normalement. Ces pseudo patients ont été gardés à l'hôpital, parfois des semaines, le personnel interprétant leur comportement normal comme un élément de leur maladie inexistante. Quand les nouvelles de l'étude s'étaient répandues, un hôpital universitaire local avait douté de la possibilité de telles erreurs. Rosenhan avait promis d'autres tests, mais n'avait plus envoyé de faux patients. Pendant ce temps, l'hôpital avait décrété que plus de quarante véritables patients faisaient semblant et avait tenu vingt-trois autres pour suspects. L'onde de choc de l'étude, au titre provocateur « Un individu sain dans des lieux qui ne le sont pas », a conduit à un nouveau système de diagnostic reposant sur des listes de vérification et des études scientifiques analysant le degré de fiabilité de leur utilisation par les psychiatres.

PSYCHÉ EN 3 SECONDES
« Si santé mentale et aliénation existent, comment les reconnaîtrions-nous ? » demandait l'étude de 1973 de David Rosenhan, où de faux patients avaient été diagnostiqués comme schizophrènes.

ANALYSE EN 3 MINUTES
Le psychiatre Robert Spitzer avait répondu que s'il buvait du sang et le vomissait aux urgences pour faire semblant d'avoir un ulcère peptique, le personnel ne devrait pas être blâmé pour avoir été trompé et ne devrait pas changer la définition de l'hémorragie interne. Malgré cette critique, Spitzer avait dirigé la réforme de la définition de la maladie mentale. Le diagnostic moderne est actuellement moins vague et moins soumis à l'interprétation individuelle.

THÉORIES LIÉES
Voir aussi
BIAIS DE CONFIRMATION DE WASON
Page 60
PENSÉE DE GROUPE DE JANIS
Page 72

BIOGRAPHIES EN 3 SECONDES
DAVID ROSENHAN
1931-

ROBERT SPITZER
1932-

TEXTE EN 30 SECONDES
Vaughan Bell

Est-il juste de raconter aux médecins de faux symptômes, puis se plaindre d'un diagnostic incorrect ? L'étude de Rosenhan a débouché sur un système plus rigoureux de diagnostic de la maladie mentale.

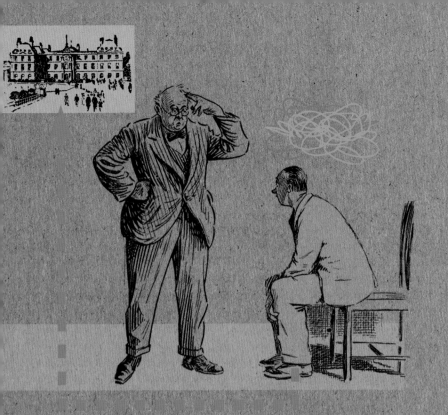
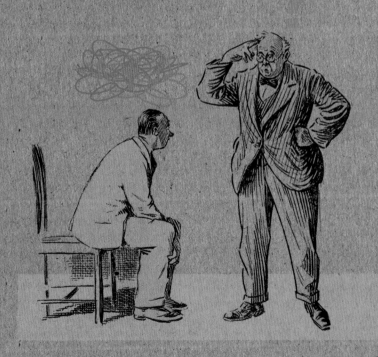

1921
Naît à Providence, Rhode Island, États-Unis

1946
Doctorat en psychiatrie de Yale Medical School

1950
Mariage avec Phyllis Whitman

1950
Travaille au Austen Riggs Center, Massachusetts

1954
Rejoint l'université de Philadelphie

1971
Professeur de psychologie à l'université de Philadelphie

1975
Publication de *Thérapie cognitive et désordres émotionnels*

1994
Fondation du Beck Institute of Cognitive Therapy

2006
Reçoit le prix Lasker de recherche clinique

2007
Sélectionné pour le prix Nobel de médecine

◖ Troubles mentaux

Qui a tué Sigmund Freud ?

Métaphoriquement parlant, Aaron Beck. Lorsque Beck avait obtenu son diplôme en psychiatrie en 1946, la psychanalyse était dans son âge d'or, dominée par des personnages charismatiques qui faisaient la loi grâce à l'« éminence » plutôt qu'à l'« évidence ». La seule mesure fiable était empirique : l'état d'environ un tiers des patients allait s'améliorer, d'un autre tiers s'aggraver et du dernier tiers rester stable.

Beck avait changé tout cela. Il avait conçu une série d'essais cliniques testant les théories psychanalytiques. Dans tous les cas, les théories ne s'étaient pas accordées aux expériences réelles des patients. Les essais suivants l'ont conduit à développer sa propre approche qui, associée aux idées des béhavioristes, deviendrait la thérapie cognitive béhavioriste. Toutefois, et c'est là un point crucial, Beck n'a pas simplement prouvé que Freud était dans l'erreur et proposé une alternative, il avait conçu des tests mesurant l'efficacité des traitements et étayé ses idées par des données empiriques. En résultat, la plupart des tests utilisés actuellement par la psychothérapie portent son nom : le Beck Depression Inventory, le Beck Hopelessness Scale, le Beck Scale for Suicidal Ideation et le Beck Anxiety Inventory. Presque tout seul, Beck a transformé la psychothérapie d'art en science.

Peu surprenant, la communauté psychanalytique l'avait mis au ban. Même après qu'il soit devenu psychanalyste, l'American Psychoanalytic Institute avait refusé son adhésion sous prétexte que son désir d'effectuer des tests prouvait qu'il avait été incorrectement analysé. Mais l'approche de Beck avait intéressé le grand public par son désir de preuves scientifiques et de solutions pragmatiques à la place des longues explorations quasi mystérieuses de la psychanalyse. En quelques décennies, les idées de Beck ont pris pratiquement la place des idées de Freud. Le roi est mort, vive le roi.

« SALIENCE » ABERRANTE DE KAPUR

Théorie en 30 secondes

La psychose est un état

hallucinatoire symptomatique des maladies mentales telles que la schizophrénie. Médicalement parlant, les illusions sont des convictions infondées mais inébranlables (entre autres, que les pensées du malade sont volées par des micro-ondes ou que des agents secrets contrôlent ses actions). La théorie de la salience aberrante développée par le psychiatre Shitij Kapur tente d'expliquer la manière dont la réalité commence à se détériorer en cas de psychose, au point que les personnes affectées présentent souvent des modifications de l'utilisation par le cerveau du messager chimique dopamine. Selon Kapur, cette substance neurochimique met en évidence les choses « importantes pour la motivation ». Autrement dit, elle agit comme un réglage de contraste de la télé, mais au lieu de modifier le contraste entre blanc et noir, elle change le degré d'« importance » des choses. Par exemple, si vous avez faim, les aliments attirent normalement davantage votre attention. La théorie de la salience aberrante dit que les perturbations de la dopamine induisent des erreurs dans ce système : les personnes affectées remarquent des choses insignifiantes et les tiennent pour extrêmement importantes, ce qui développe chez elles des illusions étranges et irréfutables modifiant leur comportement.

PSYCHÉ EN 3 SECONDES
Lors d'une psychose, la sécrétion de dopamine est excessive, incitant les personnes affectées à tenir les choses insignifiantes pour importantes et dignes d'attention.

ANALYSE EN 3 MINUTES
Le risque de maladie mentale n'est pas totalement expliqué par ce que nous savons sur la chimie cérébrale. Les preuves suggèrent qu'une foule de traits et d'expériences y jouent un rôle – dont l'histoire familiale de maladie mentale, l'environnement de vie, les relations personnelles, le stress prolongé et même les complications à la naissance. Les neurosciences sont un outil important, mais nous devons évaluer l'ensemble de la personne pour mieux comprendre et aider les personnes mentalement perturbées.

THÉORIES LIÉES
Voir aussi
BIAIS DE CONFIRMATION DE WASON
Page 60
FAUX SOUVENIRS DE LOFTUS
Page 140

BIOGRAPHIE EN 3 SECONDES
SHITIJ KAPUR
1964-

TEXTE EN 30 SECONDES
Vaughan Bell

Une caméra de surveillance semble dirigée directement sur vous – coïncidence ou conspiration ? La chimie défectueuse du cerveau peut inciter les gens à être persuadés de cette dernière possibilité.

PSYCHOLOGIE HUMANISTE DE MASLOW

Théorie en 30 secondes

Abraham Maslow, psychologue expérimental de formation, n'était pas satisfait par l'idée de définir la nature humaine grâce à des expériences de laboratoire, pas plus que par l'alternative freudienne. Au lieu de voir les hommes comme des réceptacles passifs de l'expérience ou des esclaves des pulsions inconscientes, Maslow les voyait comme motivés par un besoin suprême de se réaliser, état où ils sont en paix avec eux-mêmes et les autres et disposent de la liberté psychologique de « devenir tout ce dont ils sont capables ». La psychologie humaniste a été lancée par cette inspiration. Elle place au centre de la nature humaine l'expérience subjective vécue, pas l'inconscient. Beaucoup de psychothérapeutes ont développé ces idées, notamment Carl Rogers, qui basait sa « thérapie centrée sur le client » sur les principes d'authenticité et d'acceptation de la valeur essentielle d'une personne. Bien que Maslow ait été parfois gêné par la manière dont son approche avait été adoptée par la contre-culture des années 1960, ses thèmes centraux de respect pour l'autonomie individuelle et d'encouragement du développement personnel sont maintenant au cœur de la plupart des traitements psychologiques modernes et sa « hiérarchie des besoins » est encore considérée comme une importante théorie de la motivation.

PSYCHÉ EN 3 SECONDES
Les hommes s'efforcent d'atteindre la croissance personnelle et la réalisation de soi malgré les défis de la vie, et la psychologie doit intégrer ces aspects pour comprendre totalement la nature humaine.

ANALYSE EN 3 MINUTES
Bien que Maslow ait critiqué la focalisation étroite de la psychologie scientifique, il a toujours tenu l'approche humaniste pour son complément plutôt que pour son replacement. Il avait été quelque peu déçu que ses idées n'aient pas trouvé un plus grand écho auprès des hommes de science de son époque. Récemment, le thème du potentiel et du bonheur humains a été repris par le mouvement plus scientifique de la psychologie positive, qui cite Maslow comme son précurseur.

THÉORIES LIÉES
BÉHAVIORISME DE WATSON
Page 16
PSYCHANALYSE
Page 18
PSYCHOLOGIE POSITIVE
Page 26

BIOGRAPHIE EN 3 SECONDES
ABRAHAM H. MASLOW
1908-1970

TEXTE EN 30 SECONDES
Vaughan Bell

Au bas de la hiérarchie des besoins de Maslow on trouve les besoins corporels comme la faim et la luxure, et les fonctions telles que le sommeil et l'excrétion. Au sommet, la « réalisation de soi » ou la réalisation de son potentiel.

THÉRAPIE COGNITIVE DE BECK

Théorie en 30 secondes

Beck, psychanalyste freudien de formation, avait posé dans sa jeunesse la question qui a fini par définir la thérapie cognitive : « Quelle est la preuve ? » Avant Beck, la psychothérapie était davantage une philosophie qu'une science, ses innovations reposant sur l'intuition personnelle et sur l'influence des « grands penseurs ». Beck a développé la thérapie cognitive en se basant sur des études scientifiques prouvant les suppositions habituelles. Cette approche de « mise à l'essai » est aussi conseillée aux patients, car le traitement repose sur l'idée – et, en fait, la preuve – que la maladie mentale implique des biais dans la manière dont nous percevons le monde, agissons sur lui et pensons à lui – certains biais apparaissant dans les pensées qui nous traversent l'esprit et pouvant parfois passer inaperçus. Par exemple, une personne dépressive aura tendance à interpréter ses déboires quotidiens comme un signe qu'elle « n'est bonne à rien », tandis qu'une personne craignant de se rendre ridicule en public évitera les sorties et n'apprendra donc jamais que ses inquiétudes sont imaginaires. Le thérapeute cognitif travaillera avec son patient pour identifier les domaines où ses idées et son comportement l'empêchent d'aller mieux et l'aidera à développer et à tester des stratégies utiles pour surmonter ces problèmes.

PSYCHÉ EN 3 SECONDES
La maladie mentale implique des habitudes de pensée allant à l'encontre du but recherché, qui déforment la manière dont on comprend le monde. La thérapie cognitive permet de détecter ces modèles et de se servir d'alternatives.

ANALYSE EN 3 MINUTES
Au début de son travail, Beck avait la fâcheuse tendance de se référer à des manières plus « rationnelles » de penser au lieu de parler de manières plus utiles. Il a été critiqué pour cela, car la « rationalité » est l'idéal logique dont nous n'avons pas besoin pour montrer une bonne santé mentale. Qui plus est, la thérapie cognitive ne convient pas à tout le monde. Il est donc important de trouver un type de thérapie adapté aux préférences personnelles du patient.

THÉORIE LIÉE
Voir aussi
PSYCHANALYSE
Page 18

BIOGRAPHIE EN 3 SECONDES
AARON T. BECK
1921-

TEXTE EN 30 SECONDES
Vaughan Bell

La thérapie cognitive béhavioriste aide le patient à comprendre les modèles de pensée déclenchant nombre de problèmes psychologiques et à les dépasser.

CERVEAU MASCULIN EXTRÊME

Théorie en 30 secondes

PSYCHÉ EN 3 SECONDES
L'autisme est une amplification de certains traits typiquement masculins, notamment la « systématisation » – tendance à essayer de comprendre les choses grâce à leurs composantes.

ANALYSE EN 3 MINUTES
Les théories alternatives suggèrent que le cerveau des autistes pourrait en général avoir du mal à comprendre l'« image globale » ou que le processus de coordination des différentes fonctions mentales opère par à-coups. Les diagnostics d'« autisme » et de « syndrome d'Asperger » impliquent déficience sociale, difficultés de communication et comportements répétitifs. On dispose maintenant de preuves que ces difficultés ne sont pas causées par les mêmes choses – l'image globale est probablement plus complexe que la simple systématisation.

Pour le psychologue Baron-Cohen, les hommes tendent à être « systématiseurs », comprenant le monde à travers les règles gouvernant l'interaction des éléments individuels, les femmes sont plus « empathiques » et plus capables de comprendre les émotions des autres. La séparation n'est cependant pas absolue, ce n'est qu'une tendance générale. Baron-Cohen avait prouvé, par exemple, que les filles saisissent les émotions des autres plus tôt que les garçons, alors que ceux-ci comprennent les objets et l'information spatiale à un âge plus jeune. Les personnes souffrant d'autisme ou d'une variante moins grave, comme le syndrome d'Asperger, ont beaucoup de mal à comprendre la manière dont les autres gens pensent, ressentent et se comportent, alors que la compréhension des systèmes leur est plus facile. Même chez les personnes montrant des difficultés d'apprentissage, cette tendance peut s'exprimer sous la forme d'un « intérêt particulier » pour un domaine, comme le transport ou les statistiques sportives, tandis que dans d'autres cas un talent exceptionnel aux maths, à la science ou à l'informatique peut se manifester. Pour Baron-Cohen, les autistes ont peut-être été exposés à un excès de testostérone avant leur naissance, ce qui a débouché sur un fonctionnement à plein régime de cette tendance à systématiser et sur une présence très faible de l'empathie. Selon lui, cela pourrait aussi expliquer pourquoi l'autisme et ses variantes sont davantage présents chez les garçons.

THÉORIE LIÉE
Voir aussi
NEUROPLASTICITÉ
Page 44

BIOGRAPHIE EN 3 SECONDES
SIMON BARON-COHEN
1958-

TEXTE EN 30 SECONDES
Vaughan Bell

Si vous aimez vraiment démonter les montres et les radios pour voir comment elles fonctionnent, vous obtenez un score plus élevé à ce que Baron-Cohen appelle « systématisation » – trait masculin stéréotype souvent marqué chez les autistes.

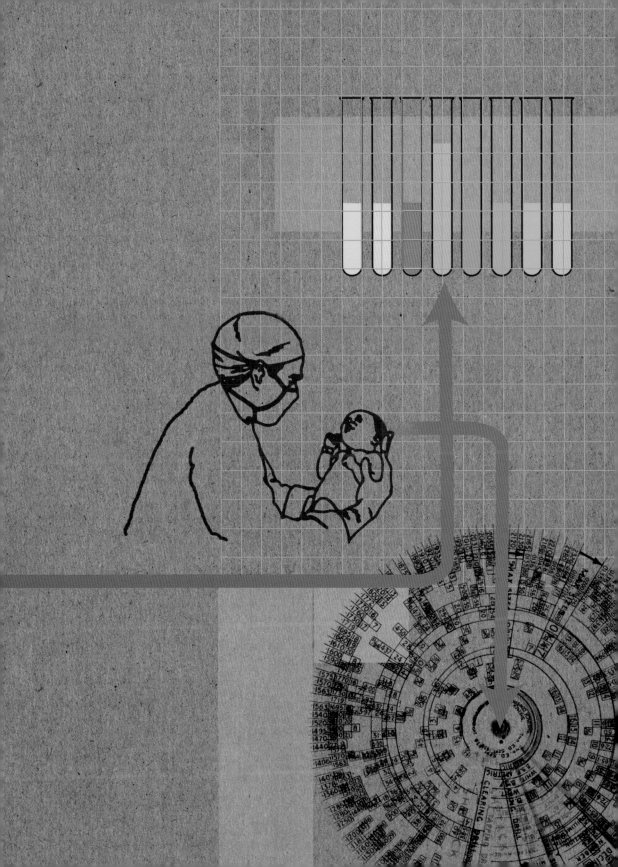

PENSÉES ET LANGAGE

coma État profond d'inconscience, souvent prolongé, pendant lequel le patient est incapable de réagir à un stimulus extérieur.

conditionnement classique Processus d'apprentissage où une réaction est déclenchée par association. Le plus célèbre exemple sont les chiens de Pavlov. En faisant sonner une cloche à chaque fois qu'on lui donne à manger, le chien finit par associer le son de la cloche à la nourriture et se met à saliver dès qu'il l'entend.

conditionnement opérant Processus d'apprentissage par lequel le comportement est influencé par un système de récompense et de punition. Il peut prendre la forme d'un renforcement (une récompense est donnée ou une pénalité levée pour encourager un certain type de comportement) ou d'une punition (une punition menace ou une récompense est retirée afin de décourager un type de comportement). La théorie a été développée par le psychologue américain B.F. Skinner dans les années 1950.

état végétatif persistant Le terme « état végétatif » désigne la personne sortie du coma mais qui n'est pas consciente et ne l'a pas été pendant au moins quatre semaines. Un patient en état végétatif persistant peut ouvrir les yeux et montre des cycles sommeil-veille. Si l'état dure pendant au moins une année, l'état végétatif devient permanent.

linguistique générative École de pensée en linguistique suggérant que le langage a des structures et des règles innées universellement comprises. L'idée a été conçue par Noam Chomsky dans les années 1960 et a suscité un développement de l'étude linguistique.

mémoire à court terme Capacité du cerveau à emmagasiner l'information pour de brèves périodes– selon la plupart des études, de vingt à trente secondes. La mémoire à court terme est importante pour se rappeler des informations spécifiques, telles qu'un numéro de téléphone avant de le noter ou le répéter pour le mémoriser. Elle aide aussi les activités fonctionnelles, par exemple se souvenir du début d'une phrase en arrivant à sa fin.

mémoire à long terme Capacité du cerveau à emmagasiner l'information pendant de longues périodes – parfois, pour la vie. La mémoire à court terme peut devenir mémoire à long terme par un processus de répétition et association pertinente. À son tour, cette mémoire se divise en deux grandes catégories : mémoire épisodique (des événements) et mémoire sémantique (connaissances générales et informations utilisables en diverses occasions).

phonologie Étude des sons d'une langue, de leur fonctionnement et de la manière dont ils véhiculent un sens. La phonologie est différente de la phonétique, qui étudie les moyens physiques par lesquels ces sons sont émis et reçus.

récepteur opioïde Groupe de molécules auxquelles peuvent s'attacher les antalgiques, ce qui diminue la capacité d'une cellule à envoyer des messages de « douleur » au cerveau. On trouve ces récepteurs dans la colonne vertébrale et la zone médiane du thalamus, les deux associées à la détection de la douleur. Le terme « opioïde » se réfère à toute substance chimique pareille à l'opium.

sémantique Étude de la signification du langage se concentrant sur le sens des mots et la manière dont ils se rapportent aux objets qu'ils décrivent.

syntaxe Règles gouvernant la structure du langage, la disposition et la formation des mots.

théorie de l'espace de travail global Explication de la manière dont le cerveau accède à de multiples fonctions mentales en même temps. Le cerveau est généralement décrit comme un théâtre, dont le mental conscient est la scène. Un projecteur éclaire le point focal de la réflexion d'une personne à un moment donné, la pénombre du reste de la scène étant les pensées à la lisière de la conscience. Les spectateurs sont passifs, observant l'action, tandis que d'autres fonctions mentales font leur devoir dans les coulisses.

EFFET PLACEBO

Théorie en 30 secondes

Les attentes et le contexte jouent un rôle important quant à la manière dont nous réagissons à la maladie et à l'effet que les traitements ont sur nous. L'anesthésiste américain Henry Beecher l'avait remarqué durant la Seconde Guerre mondiale. Les soldats blessés attendant de rentrer chez eux souffraient bien moins que la normale. Si l'on en croit Beecher, leurs blessures avaient fini par représenter pour eux une chose positive. Pareillement, l'effet placebo s'avère bénéfique tout simplement parce que le patient s'attend à ce que le traitement lui profite. Lors des essais thérapeutiques, afin de démontrer que les résultats sont plus qu'un simple effet placebo, les compagnies pharmaceutiques doivent tester leurs produits en comparaison avec des cachets de sucre. Certains médicaments, comme ceux traitant l'anxiété, sont plus forts que le placebo, mais seulement si le patient sait ce qu'ils soignent – autrement dit, les médicaments amplifient l'effet placebo. De la même manière, certains médicaments sont moins efficaces si le patient ne sait pas qu'il les reçoit. L'effet placebo n'est pas « entièrement dans la tête ». Dans le contexte de la douleur, il agit en induisant la sécrétion des antalgiques cérébraux – les opioïdes. Si les récepteurs opioïdes du cerveau sont bloqués, l'effet placebo disparaît.

Même la couleur d'un cachet peut influencer son efficacité. Les stimulants sont plus efficaces s'ils sont rouges, les sédatifs agissent mieux quand ils sont bleus.

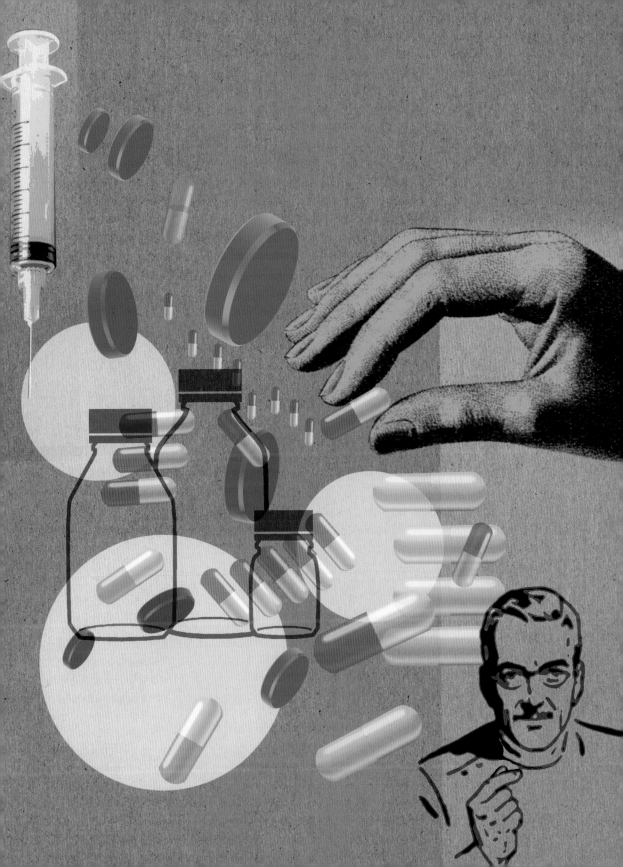

CHIENS DE PAVLOV

Théorie en 30 secondes

Ivan Pavlov, homme de science
russe, a été le premier à décrire cette loi
fondamentale de l'apprentissage. Lors d'une
célèbre expérience, il faisait toujours sonner une
cloche avant de nourrir les chiens. Après ce
conditionnement, les chiens salivaient dès qu'ils
entendaient ce son, s'attendant à recevoir de la
nourriture. Cette expérience avait démontré
l'existence d'une association entre deux stimuli
– la cloche et la nourriture. L'intégration de ce
type d'association est appelée conditionnement
« classique », pavlovien. Ce conditionnement ne
concerne pas uniquement les chiens. Il est
présent chez tous les animaux, depuis les
holothuries jusqu'aux hommes. C'est l'une des
plus simples formes d'apprentissage, qui permet
cependant de prédire ou d'anticiper ce que nous
allons connaître. C'est également un point de
départ de grande valeur pour les scientifiques
intéressés par la base biologique de la mémoire.
Les théories du conditionnement classique
décrivent la manière dont l'association entre
deux stimuli fortifie ou affaiblit, en fonction de
la fréquence à laquelle ceux-ci sont présentés
ensemble, de la rapidité avec laquelle l'un est
présenté avant l'autre et de la présence d'un
quelconque stimulus.

THÉORIES LIÉES
Voir aussi
BÉHAVIORISME DE WATSON
Page 16
NEUROPLASTICITÉ
Page 44

**BIOGRAPHIE
EN 3 SECONDES**
IVAN PAVLOV
1849-1936

TEXTE EN 30 SECONDES
Tom Stafford

*L'éducation du chien
dépend des principes
du conditionnement
classique et opérant.
L'animal obéira aux
diverses commandes
s'il s'attend à ce
qu'une récompense
arrive.*

HYPOTHÈSE SAPIR-WHORF

Théorie en 30 secondes

PSYCHÉ EN 3 SECONDES
Nous ne pouvons pas penser à des concepts pour lesquels les mots nous manquent.

ANALYSE EN 3 MINUTES
Bien que le langage ne détermine pas ce à quoi nous sommes capables de penser, il est certain que les conventions des différentes langues affectent nos habitudes de réflexion. Pensez à une langue qui oblige ses locuteurs à attribuer un genre aux objets. Il a été démontré que ces personnes voient ces différents objets comme plus féminins ou plus masculins selon le genre attribué par les conventions de leur langue.

Vous avez probablement entendu dire que les Esquimaux sont capables d'identifier d'innombrables types différents de neige. Selon l'hypothèse Sapir-Whorf (nommée d'après le linguiste américain Edward Sapir et son élève Benjamin Whorf), la raison est que les Esquimaux ont bien plus de mots pour la neige que les autres langues. Dans ce contexte, les mots dont nous disposons déterminent littéralement ce que nous sommes capables de penser et de percevoir. Cette idée a eu une énorme influence bien des décennies après sa publication par Whorf dans le magazine du MIT, *Technology Review*, en 1940. Cependant, dans les années 1990, l'hypothèse n'était plus prise au sérieux par les courants dominants. Le psychologue Steven Pinker lui avait même rédigé une « notice nécrologique » en 1994 dans son livre *L'Instinct du langage*. Bien entendu, si nous n'étions capables de penser qu'aux choses pour lesquelles nous avons des mots, comment pourrions-nous apprendre en premier lieu à parler ? L'histoire se trompe – l'Esquimau ne distingue pas les types de neige en raison de tous les mots la désignant qu'il connaît, il utilise plus de mots désignant la neige parce qu'il a appris à reconnaître les différents types de neige.

THÉORIES LIÉES
Voir aussi
COGNITIVISME
Page 22
DÉTERMINISME NOMINATIF
Page 104
COGNITION INCORPORÉE
Page 144

BIOGRAPHIES EN 3 SECONDES
EDWARD SAPIR
1884-1939

BENJAMIN WHORF
1897-1941

TEXTE EN 30 SECONDES
Christian Jarrett

Avez-vous développé un concept de soi puis appris le mot « je » ou vice versa ? L'hypothèse Sapir–Whorf affirme que le mot est arrivé en premier.

GRAMMAIRE UNIVERSELLE DE CHOMSKY

Théorie en 30 secondes

Pratiquement toute phrase

– même la plus simple – peut avoir nombre de sens différents. Lorsque le linguiste américain Noam Chomsky suivait son troisième cycle universitaire dans les années 1950, les linguistes ne disposaient pas d'outils permettant d'expliquer le fait que chaque phrase était susceptible d'avoir plusieurs significations. Pour Chomsky, le langage parlé ou écrit était l'expression extérieure d'une structure mentale bien plus profonde – une « grammaire universelle » – commune à tous les hommes, quelle que fût leur langue. Selon Chomsky et ses élèves, cette grammaire a trois composantes : syntaxique, phonologique et sémantique. De celles-là, seule la syntaxe (structure) est essentielle. La phonologie (le son des mots) et la sémantique (la signification des phrases) sont secondaires. La syntaxe reflète la structure sous-jacente du mental, alors que la phonologie et la sémantique sont arbitraires. Paradoxalement, la syntaxe est un processus inconscient ; ainsi, les parties du langage qui semblent les plus concrètes – les mots et leurs significations – intéressent moins Chomsky. Cette théorie avait révolutionné la linguistique : la « linguistique générative » de Chomsky est assez flexible pour expliquer tant les nombreuses significations d'une phrase que les innombrables langues distinctes du monde.

THÉORIES LIÉES
Voir aussi
COGNITIVISME
Page 22

PSYCHOLOGIE ÉVOLUTIONNISTE
Page 24

HYPOTHÈSE SAPIR–WHORF
Page 136

BIOGRAPHIE EN 3 SECONDES
NOAM CHOMSKY
1928-

TEXTE EN 30 SECONDES
Dave Munger

Chomsky pense que toutes les langues partagent une « grammaire universelle ». Certains linguistes ont contesté l'idée que toutes les langues partagent les mêmes classes de mots.

FAUX SOUVENIRS DE LOFTUS

Théorie en 30 secondes

Lors de sa campagne pour

l'investiture démocrate américaine de 2008, Hillary Clinton avait évoqué sa visite de 1996 en Bosnie : « Je me souviens avoir atterri sous le feu des *snipers*. Il devait y avoir une sorte de cérémonie d'accueil... mais à la place, nous avons couru tête baissée. » En fait, les photographies de la visite montrent qu'il n'y avait pas eu de coups de feu et que la cérémonie habituelle eut lieu. Hillary Clinton avait admis s'être trompée, elle gardait un souvenir différent. Tout un chacun peut se rappeler un tel faux souvenir car, loin d'être gravée dans la pierre, notre mémoire est pareille à une reconstitution, facilement déformée et très malléable. La psychologue Elizabeth Loftus est la pionnière dans ce domaine. Son travail, qui fait école, reposait sur des interviews à propos d'incidents de l'enfance des participants à ses études – incidents rapportés à l'équipe de recherche par leurs parents. Parmi quelques véritables expériences d'enfance, Elizabeth Loftus avait introduit un incident totalement imaginaire où le participant s'était perdu dans un centre commercial. Au fil de plusieurs entretiens, environ un quart des participants avaient fini par croire que cet incident imaginaire s'était effectivement produit, au point qu'ils avaient enrichi l'histoire de détails venant de leur propre « mémoire ».

THÉORIES LIÉES
Voir aussi
NEUROPLASTICITÉ
Page 44
HYSTÉRIE DE CHARCOT
Page 114
EFFET PLACEBO
Page 132

BIOGRAPHIE EN 3 SECONDES
ELIZABETH LOFTUS
1944-

TEXTE EN 30 SECONDES
Christian Jarrett

PSYCHÉ EN 3 SECONDES
Les souvenirs sont extrêmement malléables et facilement déformés par la suggestion et la désinformation.

ANALYSE EN 3 MINUTES
Les critiques prétendent que l'incident du centre commercial a pu réellement prendre place. Peut-être que les parents l'ont oublié ou ne l'ont jamais appris et que les interviews ont éveillé chez les participants le véritable souvenir d'un incident réel. Pour réfuter ces critiques, Elisabeth Loftus et ses collègues ont récréé leur étude du centre commercial. Cette fois-ci, de nombreux participants se sont souvenus du moment où ils avaient rencontré Bugs Bunny à Disneyland – événement qui n'a jamais pu avoir lieu, vu que Bugs Bunny est un personnage de Warner Brothers.

Notre mémoire est si fragile et si influençable que même la manière dont nous posons une question peut modifier nos souvenirs précis.

1944
Naissance d'Elizabeth Fishman
à Los Angeles (États-Unis)

1967
Maîtrise de psychologie à
l'université Stanford

1968
Mariage avec Geoffrey Russell
Loftus

1970
Doctorat en psychologie à
l'université Stanford

1973
Maître-assistant, université de
Washington

1979
Professeur de psychologie,
université de Washington

1994
Publication du *Syndrome des
faux souvenirs et le mythe des
souvenirs oubliés*

1998
Présidente de l'Association
for Psychological Science

2002
Professeur émérite, université de
Californie, Irvine

ELIZABETH LOFTUS

Toute personne qui parle au nom de présumés violeurs, tueurs d'enfants et auteurs de massacres se fera assurément des ennemis. Pourtant, c'est ce qu'Elizabeth Loftus a fait pendant la plupart de sa vie professionnelle. Résultat, elle a été la cible de la diffamation publique, de lettres d'injures et même de menaces de mort. La raison ? Elle a été l'une des premières avocates du syndrome des faux souvenirs. Dans ce cadre, elle a consulté ou a été experte lors des procès aussi divers que ceux de Ted Bundy, d'O. J. Simpson, des frères Menendez, des criminels de guerre bosniaques et de Michael Jackson. Ce faisant, elle a plaidé en faveur d'individus accusés de crimes plus qu'ignobles – et a sauvé beaucoup d'innocents d'une condamnation injuste.

Tout avait commencé assez simplement. Poussée par son intérêt pour la mémoire et ses liens avec la sémantique, Elizabeth Loftus avait demandé une bourse auprès du Département américain des transports pour étudier la manière dont les gens se souvenaient des accidents de voiture. Elle avait constaté qu'en changeant un seul mot d'une question (par exemple, « frappé » et « écrasé » ou « un » et « le ») les comptes rendus d'un événement changeaient spectaculairement – assez pour condamner ou acquitter l'accusé. Appliqués aux procès pour meurtre ou viol, ces résultats étaient encore plus significatifs. Ses études ont été publiées dans un grand nombre de journaux scientifiques, et elle est rapidement devenue une experte dans le domaine des souvenirs peu fiables.

Comme si ses propres études n'avaient pas fourni assez de preuves, ses théories ont été confirmées d'une manière la touchant plus directement. Trente ans après que sa mère s'était noyée dans une piscine, son oncle lui avait raconté que c'était elle qui avait retrouvé le corps. Se remémorant l'événement, Elizabeth Loftus se l'était rappelé en grand détail, seulement pour s'entendre dire trois jours plus tard que son oncle s'était trompé et que c'était sa tante qui avait découvert le corps de sa mère. Elle-même était donc vulnérable aux faux souvenirs.

COGNITION INCORPORÉE

Théorie en 30 secondes

Arrivez-vous à saisir les idées de
ce livre ? Je n'entends pas par là les tenir
littéralement dans vos mains, mais les
comprendre. Cette utilisation d'une métaphore
physique pour discuter des concepts abstraits
est une chose que nous faisons constamment
– nous parlons d'employés montant l'échelle
professionnelle, d'arguments de poids et de
débats vifs. La théorie de la cognition
incorporée affirme que nous le faisons parce
que nos pensées sont ancrées dans le physique,
en particulier dans notre corps. Les études
montrant comment le monde physique influence
nos pensées soutiennent cette idée. Nous
« laver les mains » fait de nous des juges
moraux plus sévères. La causalité peut aussi aller
dans l'autre sens, si bien que nos pensées
peuvent affecter notre perception. Les étudiants
auxquels on avait dit qu'un livre était capital
pour leurs études avaient estimé ultérieurement
qu'il pesait plus lourd que les étudiants auxquels
on avait dit qu'il n'était pas pertinent. Le plus
grand partisan de l'importance de la métaphore
est le linguiste George Lakoff. Pour lui, nous
sommes capables de comprendre les concepts
abstraits seulement à travers l'usage de la
métaphore.

THÉORIES LIÉES
Voir aussi
COGNITIVISME
Page 22
NEUROPLASTICITÉ
Page 44
DÉTERMINISME NOMINATIF
Page 104
HYPOTHÈSE SAPIR–WHORF
Page 136

**BIOGRAPHIE
EN 3 SECONDES**
GEORGE LAKOFF
1941-

TEXTE EN 30 SECONDES
Christian Jarrett

PSYCHÉ EN 3 SECONDES
Nous pensons aux
concepts abstraits tels que
le temps et l'espace en
termes de métaphores
physiques ; à leur tour, les
sensations physiques
peuvent affecter nos
pensées et convictions.

ANALYSE EN 3 MINUTES
Les découvertes dans le
domaine de la cognition
incorporée ont des
implications fascinantes
pour l'art de la persuasion.
Les participants testés
dans une pièce chauffée
ont dit se sentir plus
proches de
l'expérimentateur. Les
participants auxquels on
avait demandé de tenir un
verre de café frappé ont
considéré le chercheur plus
distant. Tenir un lourd
presse-papiers a conduit
les participants à attribuer
une valeur plus élevée à
une monnaie étrangère. Il y
a là beaucoup de pistes
pour les spécialistes du
marketing !

*Quelques preuves
empiriques signalent
que les personnes bien
en chair ont un plus
grand sentiment de
leur importance
– autre exemple de
personnification
interagissant avec les
métaphores du mental.*

FILTRE
DE BROADBENT

Théorie en 30 secondes

Dans une soirée bondée, des

dizaines de personnes parlent en même temps. Pourtant, la plupart sont capables de suivre une seule conversation en ignorant toutes les autres. Comment y parvient-on ? Les études du Britannique Colin Cherry dans les années 1950 ont montré que nous séparons les voix individuelles en nous concentrant sur les principales caractéristiques – le sexe de la personne qui parle, sa position et sa tonalité. En 1958, le psychologue britannique Donald Broadbent a développé son travail par sa théorie concernant la manière dont l'ensemble du cerveau traite l'information. Jusque-là, beaucoup de psychologues étaient convaincus que l'homme ne pouvait traiter qu'une chose à la fois. Broadbent a montré que les gens pouvaient entendre et comprendre simultanément plus d'une série de sons – à condition que ceux-ci soient assez simples. Lors d'une expérience classique, Broadbent avait fait écouter aux participants deux séries de nombres (« 659 », « 842 », etc.), une série par oreille. Même si les nombres étaient transmis en même temps, les auditeurs avaient regroupé ceux transmis à chaque oreille sans les mélanger. Cependant, quand les signaux étaient devenus trop complexes, un « filtre » s'installe, rendant impossible la gestion simultanée des signaux – il est dangereux de conduire en parlant au téléphone ou en envoyant des SMS.

PSYCHÉ EN 3 SECONDES
Nous sommes constamment bombardés de sons, d'images et d'autres sensations – cependant, nous arrivons à tout comprendre en nous concentrant sur les petits bouts d'information.

ANALYSE EN 3 MINUTES
La théorie initiale de Broadbent disait que les signaux qui ne parvenaient pas à traverser le filtre étaient perdus. Toutefois, en 1960, la psychologue britannique Anne Treisman avait noté que cette théorie ne pouvait pas expliquer le fait que les gens absorbés par des tâches complexes réagissaient toujours au son de leur nom. Elle affirmait que les signaux non traités étaient en fait retenus, permettant à des signaux spécialement importants d'attirer notre attention.

THÉORIES LIÉES
Voir aussi
BÉHAVIORISME DE WATSON
Page 16

COGNITIVISME
Page 22

EFFET DE LAKE WOBEGON
Page 90

SEPT DE MILLER
Page 148

BIOGRAPHIES EN 3 SECONDES
DONALD BROADBENT
1926-1993

COLIN CHERRY
1914-1979

ANNE TREISMAN
1935-

TEXTE EN 30 SECONDES
Dave Munger

Si nous n'avions pas une sorte de filtre, nous serions pris dans une tempête perpétuelle d'informations sensorielles.

SEPT DE MILLER

Théorie en 30 secondes

Essayez de mémoriser rapidement

cette série de lettres : UPSBMWCIAOIC. C'est décourageant, jusqu'à ce que vous remarquiez qu'elle est en fait formée de quatre acronymes connus : UPS est une entreprise de transports, BMW est une marque de voiture, CIA et OIC sont des noms d'organisations. Sans diviser la séquence de douze lettres en morceaux, vous aurez du mal à vous en souvenir. En 1956, le psychologue américain George Miller avait noté que la limite des tâches de mémorisation à court terme de ce genre semblait tourner en permanence autour de sept – nombres, lettres, mots, notes musicales – même si nous pouvons nous souvenir de dizaines de milliers de choses à long terme. L'élève de Miller, Sidney Smith, avait réussi à réaliser l'exploit de se rappeler quarante nombres binaires aléatoires en les combinant en séquences longues de huit chiffres. Pour Smith, chaque séquence était un « mot » distinct de sorte qu'il arrivait à se souvenir de bien plus de chiffres qu'une personne non entraînée. Pareillement, nous nous rappelons les numéros de téléphone en les divisant en groupes. Nous pouvons apprendre rapidement des chansons en divisant leur contenu en lignes et en paires de lignes qui riment – le nombre de morceaux que nous pouvons nous rappeler à court terme est presque toujours très proche de sept, si l'on en croit Miller.

PSYCHÉ EN 3 SECONDES
Dans des circonstances ordinaires, nous nous rappelons environ sept choses à la fois – en les groupant en « séquences » nous pouvons nous en rappeler bien davantage.

ANALYSE EN 3 MINUTES
Alors que le travail de Miller est tout à fait solide, des études récentes l'ont remis en question. Vous souvenez-vous vraiment de sept séquences, ou les regroupez-vous juste dans des séquences encore plus grandes ? En 2001, le psychologue américain Nelson Cowan a affirmé que la capacité de la mémoire à court terme est bien moindre que sept. Lorsque nous sommes empêchés de former de nouvelles séquences en travaillant simultanément à une autre tâche, le nombre de séquences que nous pouvons nous rappeler est plus proche de quatre.

THÉORIES LIÉES
Voir aussi
COGNITIVISME
Page 22
FILTRE DE BROADBENT
Page 146

BIOGRAPHIES EN 3 SECONDES
NELSON COWAN
1951-

GEORGE MILLER
1920-

TEXTE EN 30 SECONDES
Dave Munger

Les extraordinaires prouesses des participants aux Championnats mondiaux de la mémoire montrent comment on peut utiliser les techniques mnémoniques pour améliorer la mémoire à court terme, la portant bien au-delà du simple rappel de sept choses.

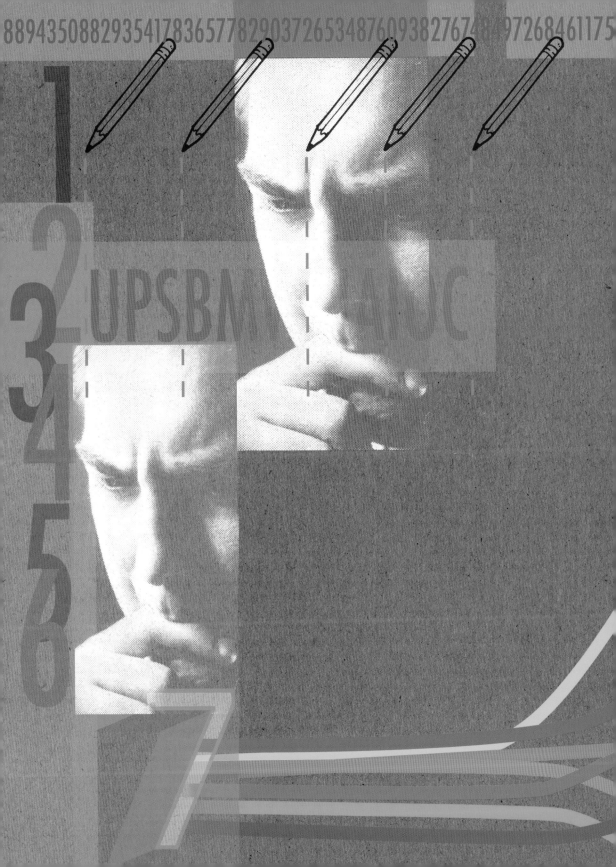

CONSCIENCE

Théorie en 30 secondes

Nous savons tous ce que signifie

être conscient, mais une définition appropriée de la conscience reste difficile. Le contenu de la conscience est un étroit flux dynamique de tout ce que nous percevons – perceptions du monde extérieur et sensations corporelles, associées aux pensées, actions, émotions et souvenirs. Le contenu de la conscience est normalement étudié en utilisant les scanners du cerveau pour comparer les réactions cérébrales aux stimuli entrants et à l'absence de stimuli. Un cadre habituel d'étude de ces phénomènes est la théorie de l'espace de travail global proposée par Bernard Baars en 1987, qui compare la conscience à un atelier théâtral. La vaste majorité des événements nerveux sont des processus inconscients prenant place « en coulisses », certains pénétrant dans la conscience – la « scène » – lorsqu'ils deviennent le point focal des projecteurs de l'attention. Le projecteur est entouré d'une bande d'événements vaguement conscients, mais cruciaux, et agit comme une plaque tournante qui en même temps distribue globalement les informations importantes et est dirigée par les processus inconscients prenant place en coulisses. Vue ainsi, la conscience peut être tenue pour un moyen par lequel le cerveau établit des priorités et donne accès aux informations nécessaires pour un fonctionnement sain.

PSYCHÉ EN 3 SECONDES
Le « projecteur de l'attention » éclaire intensément certains processus nerveux, qui pénètrent alors dans la conscience.

ANALYSE EN 3 MINUTES
La conscience est depuis longtemps sujet de débat parmi les scientifiques et les philosophes. L'étude moderne du cerveau commence juste à fournir une faible compréhension, et la théorie de l'espace de travail global est le modèle le plus utile pour l'interprétation des preuves disponibles. Cette approche a déjà fourni des aperçus précieux quant aux troubles de la conscience comme le coma et l'état végétatif persistant. Certains suggèrent que les affections telles que la schizophrénie impliquent une profonde altération du traitement de l'espace de travail global.

THÉORIE LIÉE
Voir aussi
SEPT DE MILLER
Page 148

BIOGRAPHIE EN 3 SECONDES
BERNARD BAARS
1950-

TEXTE EN 30 SECONDES
Moheb Costandi

Bien que la science commence à révéler la corrélation nerveuse de la conscience, la manière dont les tissus cérébraux donnent vie au mental immatériel reste indéfinissable.

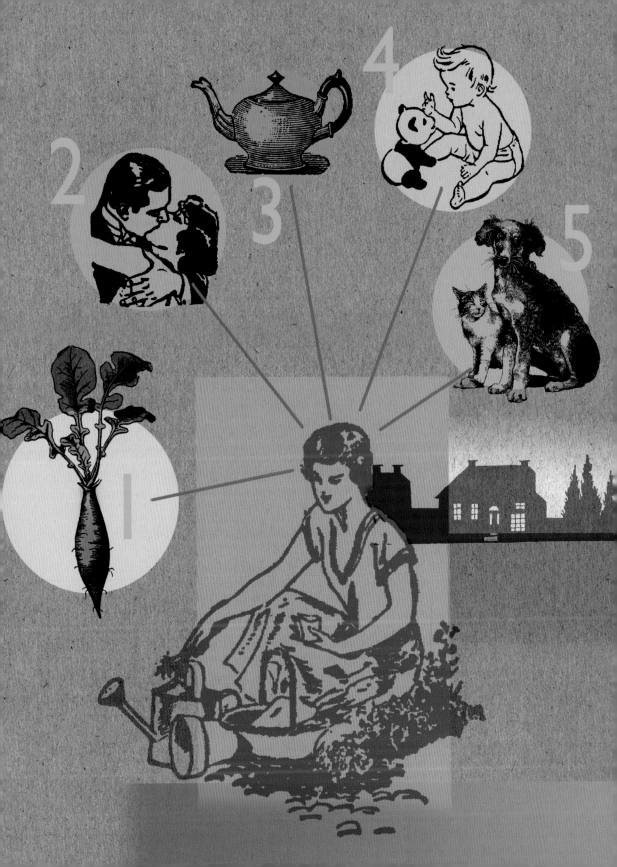